المسرح الوسيط

فن التمثيل على ضفاف ثقافتين

تنويه:

أصل الكتاب باللغة الإيطالية، وقد ترجمه المؤلف إلى اللغة العربية.

د. قاسم بياتلي

المسرح الوسيط

فن التمثيل على ضفاف ثقافتين

إصدارات دائرة الثقافة، حكومة الشارقة 2022 م

الناشر: دائرة الثقافة . حكومة الشارقة . الإمارات العربية المتحدة

هاتف: 5123333 6 971+

برّاق: 5123303 6 971+

موقع إليكتروني: www.sdc.gov.ae

بريد إليكتروني: sdc@sdc.gov.ae

© حقوق النشر والطبع محفوظة

الطبعة الأولى 2022

792.015

ب ق . م

بياتلى، قاسم

المسرح الوسيط :فن التمثيل على ضفاف ثقافتين / إبراهيم أبو طالب.ـ الشارقة، الامارات العربية المتحدة : دائرة الثقافة ، 2022.

227 ص. :ملحق صور ؛ 14X21 سم

يشتمل على إرجاعات ببليوجرافية.

1. التمثيل في المسرح

2. التذوق المسرحي

3. المسرح-تاريخ ونقد

أ. العنوان

ISBN:978-9948-04-182-5

المقدمة

عزيزي قاسم..

بينما كنت أقرأ مخطوط كتابك الذي أرسلته لي قبل نشره، سألت نفسي، لماذا أشعر بتجربتك المسرحية هكذا؛ قريبة من تجربتي، بالرغم من الاختلاف الكبير بيننا؟! عندما طلبت مني أن أقدم كتابك فكرت أن أرى نفسي في مرآة هذا الاختلاف.

أنت تنتمي إلى جيل فني آخر، وأنت ابن رحلة معاكسة لرحلتي، هاجرت من جنوب آخر، إلى بلدي الذي هربت أنا منه.

إن بيتك المسرحي كثير الاختلاف عن البيت الذي بنيناه؛ أنا ورفاقي، ولا أتحدث هنا عن البنية التحتية فقط، بل أتحدث بالدرجة الأولى، عن البنية الفوقية كمفردة لها بنيتها المماثلة لمفردة أخرى، تحمل معاني أخرى (خُرافات superstizione).

ورغم أن خُرافاتك تختلف عن خُرافاتي، إلا أن الحاجة إلى جنيها وتغذيتها؛ هي شبيهة بما بيننا.

لي مودة خاصة لمفردة الخُرافة. تشير هذه المفردة في الاستخدام المألوف إلى نوعية سلبية وغير عقلانية، فهي تشير إلى التشدد والخديعة. لكن لو قلبنا المفردة لكي تفصح لنا عن نفسها، ستكشف عن وجهها بمعناها الحرفي (يوضع على شيء يمكن أن يسحق أو يرفع إلى (quel che viene posto sopra أي ذلك الذي يوضع فوق الأعلى.

نمارس عملنا المسرحي نبيع الظلال.

ومن خلال الظلال، نتسلق نحو عالم آخر، يختلف عن ذلك الذي جربنا أن نحيا وأن نموت فيه، فهي ظلال لنا ولبعض متفرجينا.

لو نظرنا إلى درجات سلم حرفتنا، وقيّمناها من عمق السماء الحجري، الذي ندعوه بـ«الواقع»، فإنها ستبدو عبارة عن أوهام. لكن لا يمكن العيش والعمل بكرامة من دون القيم، من أجل أن نبقى منتصبين على أقدامنا، نعطي لأنفسنا مرامي، تمكث في الأعلى وتغوص تحت الأرض، التي تستند عليها أقدامنا.

يحلو لي أن أدعو الظلال والأوهام والقيم؛ التي نضيفها على الواقع الذي يحيط بنا ـ كما هو ـ عارياً ونيّئاً؛ خُرافات (superstizion).

باستطاعتي أن أستخدم مفردة أخرى أكثر أرستقراطية، تشير إلى النار والشرارة والمُثل الفكرية، مثل «النفس» أو «الروح»، ولكني أفضل هذه المفردة التي تشير إلى علامات الأوهام من دون أن تتسع في

سماوات مزيفة أو (super - stizioni) ما ورائية: إنها طلال تكمن في العُلا، ظلال لسلالم: خُرافات.

إن مخطوط كتابك الذي أرسلته، لي يستمد حياته من العديد من الخُرافات، ولهذا أشعر بقربه مني، حتى وإن كنت لا أجد نفسي في أية واحدة منها. ولا أعتقد أنه ينبغي أن نتشاطر تلك الخرافات. ولو حصل ذلك، سيكون عبارة عن نوع من القيود أو السلاسل الجديدة أو المذهبية. فهي عبارة عن حضور على كل واحد منا أن يقوم بحمايته في مدينته الباطنية، في تلك الأرض النزرة التي لا حدود لها، والمحصورة بحدود جلدنا وأعصابنا وعضلاتنا، وفي عالمنا الشخصي الصغير، الذي لا يمكن الإفصاح عنه. إنه موطن السرعة، إنه جسدنا الذي في الحياة.

ينبغي أن تتوغل جذور الخرافات في عمق الأرض، لكن الأرض التي تغوص فيها، ليست تلك التي نختارها نحن. إن مهمتنا الوحيدة هي أن نجعلها تبقى حيَّة. تُداعبنا دوما إغراءات قوية، لا يمكن أحياناً أن نتغلب عليها. من أجل أن نجعل خرافاتنا حيَّة علينا أن نعيشها كما لو كانت عبارة عن شيء موضوعي.

أشعر أنني شبيه بك، لأن خُرافاتك تختلف عن خُرافاتي. ولو حاول أحدنا أن يقوم بإقناع الآخر، سينتهي الأمر بنا إلى الانفصال والابتعاد..

إن خُرافاتي لا تغوص بجذورها في تراث ثقافي كبير، بطقوسه وأساطيره، بل تبرعمت مما جنيته من تاريخ القرن العشرين، من صور

(أشخاص) لعائلة متناثرة لـ»معلمين مجانين» طرحوا على المسرح أسئلة عبثية. تبدو عبثية ما دامت بقيت عبارة عن مجرد كلمات، لكنها تكون محرقة وخصبة عندما يتم وضعها بعناد في محك التطبيق.

إن كل مسرح القرن العشرين، الذي جئنا منه، اخترقته خُرافات شديدة القدرة، استطاعت أن تروي المواد القليلة للمسرح، وتجعلها كبيرة الشأن. لم يكن الحال هكذا في القرون التي مضت. كان أولئك الذين طرحوا أسئلة واستنطقوا التطبيقات المسرحية بحثاً عن ‹‹قيمها›› و»مغزاها»؛ هم الذين أدانوا الأشخاص الذين كانوا يهدفون فقط لتقديم العرض، واعتبروا ذلك شيئاً مشيناً.

وقد تغيرت الحالة في القرن العشرين، لم يقتنع بعض رجالات ونساء المسرح بالحدود التي كانت تحاصرهم، واعتبروا ذلك أشبه بجدران سجن لهم. وهكذا وقفوا بالضد منها، من خلال تطبيق اندفاعهم القوي للذهاب إلى أبعد (الجوع لما هو أبعد)، كما طبقها المتزهدون في مواجهة سجن الحياة، وكما طبقها الأنبياء في مواجهة حدود المجتمع. وقد دفعوا بقدرات فنهم إلى الحد الذي جعلهم يواجهوا السؤال: هل يستحق القيام بكل ذلك، من أجل عمل لا يمكن أن يوهم نفسه بأن لا يكون زائلا؟ هكذا تفانوا في وقوفهم بالضد من الطبيعية المادية للمسرح: ذلك الفن الذي لا يمكن أن يوهم نفسه بأي طريقة بأن لا يكون زائلاً.

كان يمكن للشاعر في الزمن القديم أن يقول: «سأصنع عملا يدوم أكثر من البرونز». ولا يمكن لشاعر الجسد في الحياة؛ وهو يواجه

متفرجيه، أن يغذي هذه الخُرافة الخصبة. لا يمكن لجوعه للمستقبل أن يتوهم بنفس السهولة، فهو مجبر على أن يبحث عن البقاء في طبيعة الحاضر، الذي لا يكف عن التحول الدائم.

وحتى أنت في كتابك، تلاحق جوهر المسرح في باطن تقنياته، وتضع على ألف باء الممثل تاجاً من المجازات النفيسة، من خلال طرحك حياة الأشياء والحواس الخمس اللامرئية، مستخدماً اللغة المكتوبة كسُلّم من الظل، الذي تقوم بصعوده ونزوله لكي تنظر لما هو هنا في القرب، وإلى ما هو هناك في البعد، في بستانك المهني، لأنك أنت أيضاً؛ كمؤلف لهذا الكتاب، تنتمي إلى نوع من الأرستقراطية المتهكمة من اللاشرعيين في المسرح، من أولئك الذين يقومون ببناء جينات جيولوجيتهم الشخصية، لكي يضيفوا بعداً من الماضي على ترحالهم الدائم.

أيوجينيو باربا

فنان على مفترق تقاطع التفاعل بين الإثنيات

(نص رسالة كتبها البروفسور المؤرخ الإيطالي كلاوديو ميلدوليزي بعد قراءته لفحوى الكتاب. وهو الأستاذ الذي أشرف على رسالة الدكتوراه لمؤلف هذا الكتاب، وتابع نشاطه المسرحي وكتبه الصادرة باللغة الإيطالية).

أصبحت الحياة المسرحية دوماً عبارة عن تفاعل بين اللغات وتفاعل بين الثقافات. وهكذا عندما اكتسبت أهدافها الفنية الجديدة، مهتدية بالإخراج في القرن العشرين، وبقدرة تجربتها الجديدة بعمقها، لم تلد من تماسها مع الطليعيات التاريخية، كما حدث ذلك مع الفنون الأخرى. وعندما حاولت الطليعية الجديدة، أن تعيد النظر بطرح تلك القطيعية، وجد **المسرح الجديد** نفسه، بالدرجة الأولى، أمام مواجهة العضوية في اليابان والهند. لكن لم يحدث ذلك في الدول العربية، وعندما جاء قاسم بياتلي للدراسة والتدريس في قسم الفنون والموسيقى والعروض في جامعة بولونيا، كشف لنا فيما بعد، عن نظائر غنية من التمسرح. ونتحدث هنا عن لقائه الحاسم مع كبار **المسرح الجديد** في أوروبا، الذي سمح له بالكشف عن ذلك: الكشف عن روائع من خلال ما هو

أركائي وغامض وعميق، لأنها كانت تكشف أحياناً عن مقاومة بعيدة عن استجابتها للرفض الإسلامي لما هو غير متأصل. وبدأ قاسم من هنا وعلى هذا الأساس، بصياغة مضيئة لنظرية اختلافات المسرح العربي، من خلال استناده على بحوث غروتوفسكي وباربا وبروك، واعتماده على إدراكه الشخصي بتقاطع طريق التفاعل بين الإثنيات. وتوصل هكذا من هنا، إلى ربط خارق للعادة بين الشرق والغرب، وقد دفعه ذلك إلى أن يخطو خطواته الحاسمة في حياته، وأصبح بالضرورة ممثلاً/ مؤلفاً.. وما كان من الممكن أن يلقي الضوء على ذلك، من دون التوغل في ثنايا التمثيل، وأن يكون ممثلاً. وفي الواقع نستطيع نحن المختصين في دراسة المسرح، أن نرى إلى حدٍّ ما، من ذلك الذي يوجد في الداخل، ويرى الفنانون فقط، فيما بعد، محدوديتنا. وقد قام هذا المبدع في بحثه المتواصل بتأليف العديد من الكتب وبتقديم الكثير من العروض، وأصبح معروفاً في العالم العربي.. شارك في المهرجانات بنجاح ملحوظ في توجهه المضاد للتيار. وقد واجه تحديّاً في غاية الصعوبة، لأن هناك من يقول، من جانب؛ لا يمكن أن يمتلك الإسلام مسرحاً خاصّاً به، وهناك من يقول من جانب آخر؛ قد سبق وتحقق مسرح التفاعل بين الإثنيات في أعمال بروك وباربا، بينما قام قاسم من جانبه، بصياغة بارعة لخيوط واضحة أصبحت متينة، لأنها كانت ضرورية بالنسبة له، وذلك أشبه بما يحدث في الشعر، الذي يقوم بالكشف عن الآخر، لأنك أنت بحاجة لأن تراه، لأنك وحيد، وتحتاج إلى خلق العلاقة مع العالم.

لم يكن هو وحده، من بين الطلبة الأجانب، الذين درسوا في قسم

نُظم الفنون والموسيقى والعرض، كان هناك طلبة آخرون من العالم الثالث، ومن اليابان يتابعون الدراسة في جامعتنا، لكن كان قاسم يمتلك مؤهلات غير معتادة، ولديه مشروعه الخاص. كان تكوينه مرتبط بمعرفته بالإسلام عن طريق انتمائه العائلي، وبالثقافة الإسلامية وتراكيبها الفلسفية، تلك الفلسفة التي لها روابط مع المسرح، الذي يوطد العلاقة بين المعرفة والتجربة. ولكن كانت جدارته الكبرى في الانتظار حقّاً (كما كان يعنيه غروتوفسكي)، لكي تبدء التمهيدات، التي كانت تبدو ظاهريّاً بعيدة فيما بينها، أن تظهر في انعكاساتها المتبادلة فيما بينها، بطريقة ما، لتمر معارفه في ثراء التجربة الحياتية، ليجعل ذلك مسرحة، ليس كمعتقد إيماني فقط. وهكذا قام كتلميذ/ أستاذ، بصياغة لقاءٍ أكثر من أن يكون لقاءً شخصيّاً، بين عراقيته ووجوده في إيطاليا في سنين الثمانينيات والتسعينيات من القرن العشرين، لكي يواصل بحثه، كفنان مُسلم، ويثري بداياته الأولى، ليصبح مسرحه، من خلال مطباته المتعددة وغير المتوقعة، كذلك مسرحاً غربيّاً. يمكن القول إن قاسم قد سار في توجهه بشكل ديالكتيكي ولم يثق بصراعات الذهن أو الجسد، بل من خلال ما يربط بينهما من إيقاع ومميزات متناظرة. ونجده يتحدث؛ ليس من دواعي الصدفة، عن «التصور الفعّال»، لكي يعطي دينامكية، سواء للحصيلة لمسرحية، أو للأفكار الإسلامية، ليربط بينهما، فيما بعد، في امتداد بلاغي مزدوج، جاء من الفعل ومن البيئة، ليقدمه للمتفرجين، لكي تكشف عن ينابيعها وعن اللامرئي فيها، من خلال ترابط تفاعلاتها اللغوية التي يجسدها الممثل. وهناك، من

المنطقي؛ صعوبة مسك هذا النوع من النمو، لكي يبقى في الحياة، ما دام ما تم وضعه في اللعبة، هو إمكانية أن يكون الممثل عبارة عن وسيط (مديوم) شامل مع المتفرجين. وقد ظهر ذلك منذ أول عمل قدمه، والذي ولد من الرحم الخصب لحكايات ألف ليلة وليلة.

ومن جانب آخر، هو ما زال في طور بناء مسيرته بالرغم من معرفته للهدف المنشود، كما سيرى قارئ هذا الكتاب، فهو لم يتوقف من جهد مواصلة البحث المستمرة في المختبر. ولو تم النظر إليه من الخارج، يمكن أن يقال إن ذلك مشروط بتوافق تنقية أكثر من منظور متواصل، ما دامت له طبيعة انتشارية، ولكن يمكن كذلك أن يتعلق الأمر بصيغ خاصة ومحددة، تفضي إلى نوع من الحصر المناسب، ليبعد مسرحه عما ينذر توقعه، كما حدث ذلك مع المسرح الكاثوليكي في القرن التاسع عشر، الذي دفع ذلك إلى نفاذه فيما بعد، ليبقى منه، استخدام شعبي فقط، أو بقي عند مجموعة من الفنانين الكبار، مثل كوبو وكلاوديل وكوستا وتستوري. ولكن، فيما يتعلق بقاسم بياتلي، نحن أمام حضور آخر ملحوظ للمشهد المسرحي: مشهد مسرح نشط، يطرح بنفسه بكل تواضع في لعبة أصيلة. أفلا يكفي أن نراه وهو يذهب نحو جذور الصوفية، ولتلك المعارف الإسلامية غير المناصرة للميول الحربية، وأن يتوجه في نفس الوقت، نحو ميتافيزيقة أرتو، من أجل تأسيس منطلق له؟

لقد كان للعلاقة الحميمية التي حققها في عمله مع أصدقائه الإيطاليين؛ أثر واضح في تكوين أساسه المسرحي. ويظهر أن قاسم قد

أدرك أهمية توافق سيرته التاريخية الشخصية مع تاريخنا، ويظهر ذلك
من خلال حسه بضرورة تأسيس فرقته المسرحية، ومن الاهتمام البارز
الذي أثاره لدى العديد من أصدقائه، في مرحلة دراسته في قسم نظم
الفنون والموسيقى والعرض، ومن دون أن يتخلى عن جذور أصله،
التي أصبحت انعكاسات مدنية وفنية، برزت في عروضه المسرحية.
ونجد مسرحه فعلاً، لا يتوجه مثل عروض التفاعل بين الإثنيات كما
في الغرب، وأعتقد أنه لم يفكر أبداً بعرض مسرحي إسلامي ليطرح
الكوميديا الإلهية، ولا أن يخرج هاملت بخصوصية صيغ أشكال مشهدية،
لكي يُظهر ما في أرضيته التي ينتمي إليها، مثلما فعل بيتر بروك في
عرض المهاباهاراتا، لكنه قد اكتسب أشكالاً من مسرح التفاعل بين
الإثنيات ومن المسرح الفقير، ومما تمخض من أنثروبولوجيا المسرح،
لكي تنمو تجربته المسرحية من التجارب المسرحية لشعبه وبصياغة
فنية مسرحية شخصية. وكان ذلك أيضاً، شيئاً طبيعيّاً وحاسماً في تغذية
أوتوبيا لعالم آخر، ولم يكن ذلك، قبل كل شيء، مشاطرة لهيمنة الشمال
وإدانة الجنوب.

ويبقى أن نذكر في هذا الإطار، أن قاسم لم يرفض معرفة لغة البلد
الذي استضافه وبشكل ملائم، كما فعل برخت في منفاه في الولايات
المتحدة، وكان أوائل رفاق فرقته الفنية وأوائل متفرجيه من الطليان،
وما كان يمكن أن تتحقق عروضه المسرحية من دون تقنيات غربية،
مثل تقنية المونتاج (المسرحي) على سبيل المثال.

وندرك اليوم إمكانية أن تدفع بعض الأعراض المرضية في الضمائر، إلى خلق المشاكل، بدلاً من الفرح في اللقاء مع مهارات مسالمة ومع جماليات الآخرين، مثلما نجدها في هذه الحالة، في التحية الطقوسية والرقص الصوفي أو في التأثيرات الملحمية. لقد تأثرت حميميّاً في قراءتي لهذا الكتاب، خصوصاً في بدايته، عندما يقدم قاسم نفسه في طفولته في العراق، في الوقت الذي يعيش مأساة ضحايا الأطفال الأبرياء جراء حرب أخرى. كيف لا يمكن أن نرى في ذلك الحاجة إلى حياة جديدة وحرة، للتحرر مما هو قسري في الانتماء؟

ولكن، ما دامت هذه المقدمة قد كتبت بصيغة الشخص الأول للمتحدث، وسمت الشخص المعني باسمه، لا يمكن لكاتبها هنا سوى أن يوجه ذلك له على شكل رسالة:

عزيزي قاسم..

كان من الصواب أن تترك في حينها معتقدك الماركسي في منفاك، وكنت أنا المخطئ في عدم فهمي، من أن ذلك لم يكن سوى حاجتك له؛ أنت كفنان. إن الماركسي الوحيد الذي يمكن أن يكون بمستوى مواجهة الزمن الذي يعيش فيه، هو ذلك الذي يشعر بمعانات الآخرين. لكن تذكر، قد أصبح فنك أكثر قيمة وأنت تعيش معاناة ناس أبرياء في بلدك، وأصبحت شاهداً على مدى إمكانية أن تكون الاستقلالية ثمينة، لكل باحث عن التقدم.

كلاوديو ميلدوليزي

هياكل الأجساد اللطيفة

صوت الطبول والاحتفال الطقسي آت من بعيد، من ذاكرة طفولتي عندما كنت في السابعة من عمري، وما زال يصاحبني حتى اليوم.

ما زال ذلك الصوت يدعوني لأن أمسك بمغزى الحياة والمسرح الذي لا يمكن مسكه، ويوقظ رغبتي للسير وراء صور لواقع مجهول.

ولدت في حضن عائلة كبيرة بجانب إخوتي الكثار، وعشت في عالم سادت فيه تناقضات شديدة، لحياة هاربة من تقلب أمزجة تجري لتنسج خيوط القدر، حياة شعبية صبورة، تعانق روحانية بسيطة، ما زالت تلاحقني لحد اليوم.

عندما كنت في السابعة من عمري، رأيت أجساداً حيّة، لرجال كانوا يرصون في رحلة رجوعية. كانوا أصدقاء أبي. كانت خطواتهم تبدو كأنها تذهب نحو الأمام، لكنها كانت تحمل للدوران حول أنفسهم وحول الآخرين، للرجوع إلى الوراء؛ نحو البداية، نحو البادئ، نحو الله.

كانت تلك الرقصة تمتد في الفضاء بسعة الوجدان. كانت بها تلك

الحركات والأصوات والألوان والأشياء والعطر القدسي الذي كان الغذاء الحقيقي الذي تلتذ به النفوس، لكي تبقى حيّة في الحياة.

رأيت في تلك الطقوس رجالاً تجذبهم قوة روحانية/ فيزيقية، نابعة من الأجداد، قوة كانت تبدو كأنها تقصي قوة جاذبية الأرض. كانت الإيقاعات والأصوات والحشرجات الخارقة للعادة، تعج في لحظة ذروة الطقس بصورة مذهلة، لتتوغل في تنفس النفس، في أعماق النفس، لتوقد حرارة الجسد لكي يرقص. كنت أشعر في تلك البيئة بهزة في داخلي، وبغبطة تلتف حول كينونتي بكل كلها.

أمّا في ليالي الشتاء، فكانت جلسات الحنان حول الموقد، تضيئها حكايات ألف ليلة وليلة، التي لا نهاية لها، وكانت ماما سعدية تحكي لنا باللغة التركمانية نوادر مُلّه نصر الدين/ جحا، بسخريتها الشعبية. تلك الحكايات التي كانت تجد لكل مشكلة حلّاً مضحكاً وحكيماً. ولم تخلُ تلك الليالي من سماع الأمثال الشعبية، التي كانت تعبر من خلالها الأمهات عن حالات عيشهنّ، وعن القدر القاسي لحال الناس الفقراء.

تعلمت منذ الصبا أن أستمع لسرد مغامرات الليالي، وأن أتخيل رحلات السندباد ومؤامرة الأمراء ومصائب العشق والجمال، والوجوه الملاح لفتيات يخلبن القلوب من أول نظرة، ليسلبن روح الناظر لهن في الحال.

تعلمت نوعاً من الرقص المرتجل في احتفالات الأعراس.. رقص كان يأخذ طابع المزاح بين المحتفلين. رقص شرقي مرتجل بين النساء

والأطفال والفتية والفتيات وبين الرجال. وكان يتحلى الرقص الشرقي الشائع في تلك الأجواء، بنوع من التعبير الآني عن طباع الأفراد، التي تظهر من خلال الحركات والإيماءات والغمزات والإيقاع، ليكون الرقص وسيلة للتواصل الاجتماعي مع الآخرين في الحفل، ويتم تجاوز الحرج بين الجماعة.

منذ أن فتحت عينيّ كنت منجذباً من النجوم في السماء، ومن القمر الذي كان يتغير بطلعته. كانت تبدو السماء قريبة وكأنك تلمسها بأناملك. كنت أتمعن في عمق ذلك الفضاء الدامس، وأنا مستلقٍ على سطح بيتنا، منتظراً ببراءة حلم الطفولة، أن يفتح باب السماء، في ليلة من ليالي القدر.

وكنت منجذبا كذلك، من دروب البساتين للنخيل الحامل للعناقيد الذهبية من التمر، ومن جريان مياه نهر دجلة التي تخترق مدينة بغداد، ومن صفير ريح تلك الصحراء الممتدة بلا منتهى، التي تمر من دروب المدينة، لتهمس في أذني برسائل محيرة من عالم مجهول.

كنت أتخيل العالم ما بين الأرض والسماء، بين رقصة حسية في الأرض ورقصة قدسية روحانية في السماء: رقص بهيج في مخاض ولادة الطفل الذي يبكي ويصرخ وهو يلمس قساوة الهواء في فضائنا الصلد في الحياة، ويتوجس قساوة العالم الذي حصد حياة حياة أمي، في لحظة ولادتها للطفل التاسع، وهي ما تزال في خصوبة عطائها لنفحة الحياة. عشت رقصة ذلك لطفل الذي كان يسبح في ماء رحم الأم، ثم ولد ومات

وغادر نحو عالم مجهول، ورأيت رقصة ترمز لكواكب في السماء، تجسدت في حركات دائرية لخلقات بشرية، ترتدي ثياب الكفن الأبيض وغطاء الرأس المخروطي من اللبّاد، بلونه الترابي، وهي تدور وتدور، لتتلذذ بسكرة حسن سماع لحن الحب الربّاني، في رغبة حنينها للرجوع للنبع الأول، لترى بعين الفؤاد والعقل ما هو مخفي في جمال السماع، ومن ثم تنوح بعد الوجد من ألم الفراق.

ما الذي يدفعني اليوم وأنا أعمل في المسرح، للرجوع إلى الربط بين نبع عالم هاتين الرقصتين المختلفتين، رقصة حِسّيّة ورقصة روحانية؟ هل يمكن الربط بين بهجة وألم، رقصة دنيوية للولادة، ورقصة سكرة الحب الرباني في حيرة الوجود؟ هل ذلك من باب المفارقة والتكاملية في كينونة عناصر اللغة التعبيرية الـ«فيزيقية» والـ«روحانية» للمسرح بمعناه الواسع؟

لقد خلقنا فعلاً من طينة نفخت فيها روح الحياة، ويرف فؤادنا لسماع رسالة آتية لنا من المجهول، ويبقى جسدنا بلحمه ودمه وحسه بين الأرض والسماء، يتمتع بصور الحياة، ولهذا نبقى في حيرة وسكرة ونحن نسير في خضم اضطرابات الحياة، بحثاً عن الصفاء والسكينة في وجودنا. ولهذا نستمر في رؤية إمكانية عيش الحياة، في ممارسة الطقوس والاحتفالات والرقص والغناء، وتلذذ الفنون التي تتلاحم فيها حالتنا الوجدانية مع الوجود في ثنايا كينونتنا.

ما زال ذلك الصوت الآتي من بعيد، يهتف لي قائلاً: لا تدع نَفَسك

العضوي ينقطع وأنت ترقص، وإن كنت تريد خوض غمار المسرح عليك أن ترقص وبيدك خنجر تغرسه بهمتك بين قرني يافوخ الثور المجنح، طالما لم يستطع أي مخلوق، مهما كان، أن يبلغ علو السماوات، ولا يمكن لأي عظيم بين البشر أن يحضن الأرض كلها.

على عتبات الإعداد المسرحي

اقتربت من المسرح في مرحلة الدراسة المتوسطة، وأنا في السابعة عشرة من عمري، بعد أن سمعت مُدرس مادة الرسم، المؤلف المسرحي طه سالم، وهو يتحدث عن المسرح بحب ممزوج بالمرارة. كان لا يحسن الرسم، كما قال لنا، ولهذا اقترح علينا، نحن طلبة متوسطة صلاح الدين في ضاحية من مدينة بغداد، أن نعمل معه لتحضير عرض من نص مسرحي، قام بتأليفه بعنوان «البازبند». لم أشاهد قبل ذلك أي عرض مسرحي، ولم يكن أي فرد من عائلتي يعرف شيئاً عن فن المسرح. هكذا بدأت التعرف على ذلك العالم الذي كنت أجهله، من خلال مشاركتي في العرض، بدور الأم. وتطلب ذلك أن أحاكي صوتاً أنثويّاً، وإيماءة وحركات امرأة عراقية، ولم أجد صعوبة في ذلك، لأني سبق وأن جربت، في فترة الصبا، محاكاة حركات المرأة في رقصة شرقية، كما كان يحدث في بعض حفلات العرس في الوسط العائلي، ولبست ثوب أختي، ورتبت قطع القماش في منطقة الصدر للتظاهر بثدي المرأة، لكي أرقص مع صبية في عمري، رسمت الشوارب باللون الأسود لتتماهى بدور الرجل، ورقصنا بين مزاح وضحكات المحتفلين بعرس العائلة.

وبعد التجربة المسرحية التي شاركت بها في المدرسة، التي حصلت على إعجاب الجمهور في مهرجان مسرح المدارس في سنة 1970 في بغداد، رأى المُدرس حماسي للعمل في المسرح، اقترح أن التحق بفرقته المسرحية/ اتحاد الفنانين، وهكذا شاركت بدور ثانوي في تمثيلية تلفزيونية من تأليفه، بعنوان «نعناعة».

وبعد تخرجي من المتوسطة، بدأت العمل في تلك الفرقة التي كان مقرها بالقرب من شارع أبو نواس. وفي أحد أيام الصيف الحار في بغداد، ذهبنا أنا وأستاذي مع ابنه، للسباحة في نهر دجلة. وبعد التمتع بلذة السباحة، جلسنا على ضفة النهر، سألني أستاذي عن طموحاتي في المستقبل، أخبرته أن عائلتي تلح علي أن أعمل مفوضاً في الشرطة، لأن في ذلك ضماناً للمستقبل. تحدث معي طويلاً بلطف ونصحني قائلاً: «إن كان السبب هو ضمان المستقبل، لماذا لا تسجل في معهد الفنون الجميلة وبعدها تصبح معلماً في المدرسة»؟ أقنعني كلامه وفتح أمامي منظوراً جديداً وأثار رغبتي في فن المسرح. أخذت بنصيحته وقدمت وثائقي للدراسة في معهد الفنون الجميلة في بغداد.

اجتزت امتحان القبول في المعهد، من خلال تقديمي لمشهد خطبة أنطونيو من مسرحية يوليوس قيصر لشكسبير. بعدها بدأت بدراسة فن المسرح، من دون معرفتي لشيء من تعقيداته ولا تاريخه. وجدت نفسي في بيئة لم أكن أعرفها في السابق. كنت أرى شخصيات مشهورة وتلاميذ من طبقة ميسورة، وطالبات يتغنجنَ بسلوكهنّ الدمث. كنت أشعر أن

طريقة كلامي وسلوكي لم تكن في تناغم مع تلك البيئة. كنت أعيش في منطقة الفضل القديمة في وسط بغداد. كان لساني السليط وتصرفاتي الشعبية الشقية تثير تحفظ بعض الطلبة، الذين كانوا يشعرون أنهم قد ولدوا ليكونوا من أهل الفن. كانت بعض الطالبات يتجنبنّ بغنج الاقتراب مني في ممرات المعهد، ويتملصنّ من لقائي بكبرياء الطاووس، كأنهنَّ من نجوم الفن منذ أن خُلقن.

كنت جسوراً ومقداماً، وليست لديّ ثقافة وتربية مسرحية، وكان عليّ أن أعيش في تلك البيئة طوال مدّة الدراسة لخمس سنوات. عزمت على أن أكتسب المعارف المناسبة لبلوغ مستوى ذلك الفن الرفيع، الذي كان الجميع يتحدث عنه، وكأنه الناطق الرسمي باسم الفن وأحد أبطاله.

كنّا ندرس في المعهد في الصباح؛ الحصص الدراسية لمنهاج التدريس لمدة أربع ساعات، لمواد تخص أسس فن التمثيل وتاريخ المسرح والسينوغرافيا والإضاءة وعلم النفس، وتقنيات الصوت والإلقاء، ودرساً مخصصاً لتمارينَ في الرياضة المسرحية. وبعد الاستراحة، كنت أنزل وحدي في فناء مسبح المعهد الخالي من الماء، لكي أغني بعض المقامات العراقية. كان مدرس الصوت والإلقاء أحمد الجلبي، يوبخني، لأنه كان يعتقد أن الاستمرار على الغناء مضر، ويترك أثر التلحين على النطق في التمثيل. لكني لم أترك غناء المقام وسماع صداه في ذلك الفناء الفارغ، لأن ذلك كان يجعلني أشعر كأنه صوت هدهدة أمي الآتي من بعيد.

وكنّا ندرس بعد الظهر لثلاث ساعات أخرى؛ تطبيقات مسرحية. كان يقوم أحد المدرسين بالعمل مع مجموعة من الطلبة، على إخراج عرض مسرحي ما. كان أغلب المدرسين من خريجي الدول الأوربية أو أمريكا، وكان كل واحد منهم يطبق مبادئ الإخراج لنصوص من الأدب الدرامي الغربي، حسب مستوى معارفه المسرحية التي اكتسبها في دراسته، أو في تجربته الشخصية.

وكنت أبحث بجانب الدراسة الأكاديمية اليومية، عن تطوير نفسي بعزم وبلا هوان. كنت أستغل وقتي في القراءة المتواصلة لكتب في المسرح وشتّى أنواع الفن، خارج المنهاج الدراسي. كنت أراقب وأسأل وأفتح النقاش حولها مع كل من كان له علاقة بالفن. وجهت نفسي وفكري نحو معرفة مختلف المعارف، في العلوم الإنسانية والثقافية لتطوير نفسي، وبلوغ مستوى يليق بفن المسرح بشكل عام. كنت أتابع خلسة، بعض الدروس في قسم الموسيقى وفن التشكل، اللذين كانا بجوار قسمنا المسرحي في المعهد. وجندت نفسي لمتابعة مشاهدة العروض المسرحية ومعارض الرسم والحفلات الموسيقية، التي كانت تقدم في بغداد. وكنت مستمراً في النشاط الفني مع فرقة اتحاد الفنانين، بصفة كومبارس أو دور ثانوي في بعض العروض، أو في الإدارة المسرحية في عروض أخرى.

كنت أدرس وأعمل من دون ملل وبحماس، وأحصل أحياناً على بعض المال النزر من عملي في السوق، الذي كان يسد حاجة شرائي للكتب، ويخفف عن كاهل المصروف العائلي.

كانت دراسة منهج ستانسلافسكي في المسرح جبرية في المعهد، وكان يدرس ذلك الأستاذ بهنام ميخائيل، الذي سافر إلى أمريكا في الخمسينيات من القرن العشرين لدراسة المسرح، ورجع إلى بغداد بمعارفة الكهنوتية، ليُدرس مادة التمثيل في المعهد. كان مربيّاً متميزاً في بعده الإنساني. كان يرى منهج ستانسلافسكي؛ كأنه توجه مقدس، ولم يكن يتردد في ذكر تعابير إنجيلية أثناء شرحه للعناصر الأساسية لفن التمثيل. كان يبحث، من وجهة نظره، عن الصفاء في طريقة ممارسة المسرح. كان يتحدث معنا في قاعة الدرس؛ نحن طلبة المرحلة الأولى، وجميعنا من المسلمين، عن نور المسيح وعن هالته، عن الطاقة الربانية، التي تخترق الفعل الإنساني، وتمرّ في فعل الممثل. كان يؤكد ضرورة أن يكون الممثل مثل صفحة بيضاء ناصعة، لكي يكتب فيها كل شخصية جديدة يريد تمثيلها. كان طلبة قسم المسرح في الخفاء يسخرون من إطناباته وتدقيقاته الخطابية التربوية، ولكن لم يكن أي واحد منهم يشك بنواياه ومقاصده وأحاسيسه الإنسانية وجديته ومحبته الأبوية. كان يشعر الجميع أن كلامه هو تحفيز للإخلاص في العمل. لكن، كانت طريقة تدريسه تتركز على الشرح والتحفيز أكثر من التمارين التطبيقية الملموسة في فن الممثل. لم يعمل معنا؛ لا على تطبيق الأفعال الفيزيائية التي وضعها ستانسلافسكي، ولا التقنيات الجسدية والصوتية للممثل في المشهد. وقد طلب منا أن نقوم بتمرين واحد خاص: كان علينا أن نسير في أروقة المعهد من خلال توظيف مقدمة القدم، ولمدة أسبوع، وكان يراقبنا يوميّاً.

وقد راهنت في أحد الايام مع أحد زملائي الطلبة، على أن أمشي بشكل غير معتاد، كأني معوق، من المعهد (في منطقة الوزيرية) حتى ساحة مركز بغداد (في باب المعظم).. ضممت كتبي على صدري، وثنيت ركبتي وأفلجت ساقي، ورفعت رأسي قليلاً، ومشيت في الشارع ما يقارب عشرين دقيقة كأني أفلج، وعندما وصلت إلى تقاطع الطريق المزدحم بالسيارات، رأيت شرطي المرور وهو يوقف السير، وأخذ بيدي لكي يسمح لي بالعبور. عبرت الشارع من دون اكتراث، وكان زميلي يراقبني عن بعد. ربحت الرهان بشرب المرطبات.

كانت تعاليم بهنام ميخائيل تستند على شرح ما جاء في كتاب إعداد الممثل لستانسلافسكي، من تلك النسخة التي ترجمت من اللغة الإنجليزية، وكان يشرح فقرة بعد فقرة حسب تفسيره: لو السحرية، الظروف المعطاة والحالة الانفعالية وإحياء الشخصية والحقيقة الداخلية، وتجسيد الشخصية في الدور. وكان يؤكد، بالدرجة الأولى، على الصدق في التمثيل، وكان يثير الحماس فينا من خلال شرحه. كان يحفزنا على مراقبة تفاصيل سلوك الناس، وزيارة مختلف الأماكن من واقع مدينتنا وملاحظة سلوك الأشخاص الذين نلتقي بهم في الحياة اليومية المعتادة. لكن من دون أن يهتم بتعليمنا التقنيات الجسدية والفنية في التطبيق. وكنت أنا في حيرة من أمري: كيف يمكن أن نفهم ونشعر ونجسد الشخصية من دون معرفة التقنيات الصوتية والجسدية المناسبة التي يمكن أن تقود نحو الإبداع؟! كان علينا أن نبحث عن ذلك بطرق مختلفة وبجهد فردي، لتعلم ما يمكن تعلمه في التطبيق.

ومن جانب آخر، كان كل المدرسين في المعهد من خريجي أكاديميات الدول الأوروبية أو من أمريكا، وكانوا مقتنعين، كما كان يبدو، أن الإعداد الفني الحقيقي للممثل، يتم من خلال العمل على نص يتم تجسيده على خشبة المسرح، لذا كان ينبغي أن تكون الدراسة النظرية في ساعات الصباح، والتطبيقات العملية في فترة بعد الظهر، وذلك من خلال العمل مع أحد المدرسين في إخراج نص من الأدب الدرامي. كنت في حيرة من أمري، في مواجهة إشكاليات فن الممثل التطبيقية على خشبة المسرح، ومن دون إعداد تقني جسدي مناسب في التمثيل. ولم يرشدنا عمليّاً أي مدرس للتدريب؛ لا على الأفعال الفيزيئية؛ ولا التمارين البلاستكية، التي جاءت في الجزء الثاني من كتاب إعداد الممثل لستانسلافسكي (كانت الدراسة مقتصرة على الجزء الأول، والمترجم من اللغة الإنجليزية، الذي يركز على التقنيات الداخلية للممثل فقط). كنت أجد نفسي في متاهة وحيرة، كيف يمكن العمل على أساس تعلم تلك الدروس الهلامية. كنت أبحث عن شيء ملموس، يمكنه أن يوضح لي كيفية مواجهة ما يقال عن الإحساس والمشاعر والخيال والاندماج في تمثيل الشخصية. سمعت في أروقة المعهد، ومن كلام بعض الأساتذة، قول عن برتولد برخت؛ يقال إن له رؤية واضحة في التمثيل من دون التركيز على الحالة الانفعالية في التمثيل. قررت قراءة كل ما كتبه برخت وما كُتب عنه باللغة العربية، بحثاً عن شيء يمكن أن يدلني في حيرتي، ولكني وجدت نفسي في مواجهة صرح حصين لا يمكن اختراقه.

كان عقلي في حالة غليان، ولكن مشاعري وجسدي لا يستجيبان للتعبير عن ذلك التوقد الفكري. وشعرت بثبط وكآبة. بدأ الشك يراودني حول إمكانية عملي في المسرح، ربما لم أكن مؤهلاً لخوض تجربة التمثيل!

وقررت في السنة الثالثة من مرحلة الدراسة، أن أتحول إلى فرع السينما. كنت أفكر؛ كان يمكنني ربما أن أتعلم شيئاً عمليّاً ملموساً، حول مبادئ التصوير والمونتاج على أقل تقدير. وقضيت فترة سنتين في دراسة مبادئ السينما، على أمل أن أكتسب معرفة عملية، تفيدني في عملي، ويمكن أن تبدد شكوكي وحيرتي.

كنت أحب أفلام برغمان ومسرح سترينبرغ، وكنت أرى فيهما نوعاً من الروحانية المدنية. كنت أحلم بالسفر إلى السويد، لكي أرى ذلك الواقع البعيد عن واقعنا والذي كنت أتخيله في صور نصوص إبداعات كاتب مسرحي وأفلام مخرج سينمائي سويدي.

أكملت دراستي في المعهد وحصلت على الدبلوم، وقررت فوراً السفر إلى السويد. لم توافق عائلتي على قرار سفري. بعت كتبي التي قرأتها في فترة الدراسة، لكي أشتري تذكرة القطار إلى تركيا. اشتريت أكياساً من الشاي وبضعة درازن من علب السجائر لبيعها في استنبول. كنت أفكر بالرحيل والتوقف في كل بلد، في مسار سفري إلى السويد، لأعمل فيه للحصول على قوتي، وعلى النقود التي تكفي لشراء التذكرة للوصول إلى الهدف المنشود. كنت عازماً على تحقيق الهدف. وعندما

رأى أبي وأخي الكبير عزمي على السفر، تحركت مشاعرهم لأني لا أملك المال الذي يسعفني بسد رمقي في رحيلي، وقررا مساعدتي. أخذ أبي سلفة مالية من دائرة عمله، وتطوع أخي بمنحي مبلغاً من الدينار العراقي (كان الدينار العراقي الواحد يساوي أكثر من ثلاثة دولارات)، ليكون ذلك عوناً لي في رحيلي إلى المهجر.

وصلت مدينة استنبول في ساعة متأخرة من الليل القارص، حضنت حقائبي ونمت في الحديقة المجاورة للجامع، حتى سمعت أذان الفجر. ذهبت إلى المسجد لغسل وجهي وللراحة قليلاً. توجهت في الصباح الباكر إلى القنصلية اليونانية للحصول على الفيزة. طلب مني موظف القنصلية تذكرة باخرة إلى اليونان، للذهاب والرجوع. اشتريت التذكرة ثم رحلت بالباخرة إلى ميناء برندسي في إيطاليا. طلب الشرطي جواز سفري وتفحص تأشيرة الدخول، وفتش حقائبي قطعة قطعة. سألني إن كان في حوزتي نقود تكفي لحال بقائي في إيطاليا لمدة عشرة أيام. كنت قد خبأت الدنانير/ الدولارات التي منحها لي أبي وأخي في ملابسي الداخلية خوفاً من أن تسرق مني. دخلت غرفة كابينة صغيرة، وأخرت الدولارات التي حملتها معي. تلك النقود هي التي سمحت بدخولي إلى إيطاليا في 21 آب من سنة 1976. لم أكن من دخل إلى أراضي إيطاليا، بل تلك الدولارات القليلة التي كانت بحوزتي.

أراد القدر أن ألتقي في مدينة فلورنس ببعض الأصدقاء الرسامين

من زملائي في المعهد في بغداد. استضافوني لبضعة أيام، ثم أرشدوني إلى دراسة اللغة في جامعة بيروجا.

عشت في السنين الأولى في إيطاليا غريباً بلا نقود تكفي، أجهل ثقافة البلد الجديد، وتنقصني معرفة جيدة باللغة الإيطالية، وأنا أبحث عن عمل يسمح لي بالعيش والسكن المناسب. كنت بحاجة لكل شيء كغريب. وكان الأمر يتفاقم عندما كنت أفكر في ذات الوقت، بدراسة الفن. لم أفلح بالتسجيل في مركز الدراسات السينمائية، ولا في أكاديمية المسرح في روما، لأن السفارة العراقية لم تمنحني وثيقة تصديق عراقيتي حسب جوازي.

بقيت لمدة ثلاث سنوات بلا دراسة. أعمل في السوق وأقرأ كتب غرامشي وبازوليني وأشاهد الأفلام السينمائية بتذاكر رخيصة. كنت أحوم حول بنايات المسارح الكبيرة شريداً، أتمعن معمارها القديم مندهشاً، وكنت أتحسر كلما مررت أمام مسرح مورلاكي في بيروجا ومسرح الأرجنتينا في روما وبيركولا في فلورنس، كنت أتمنى الدخول فيها حتى ولو كعامل تنظيف في صالاتها. كنت أقف بصمت أمام تلك البنايات الساحرة، وأحلم حلم اليقظة: متى سيأتي اليوم الذي أجتاز فيه عتباتها، وأقف على خشبة مسارحها العملاقة؟

لم أرضخ ولم أستسلم وأنا أبحث عن طريقة للحصول على الوثيقة الرسمية المطلوبة للتسجيل في الجامعة، لم أكن أنا وحدي من رفضت السفارة العراقية تزويده بتلك الوثيقة. كنا مجموعة من الطلبة المعارضين

للنظام. ذهبنا إلى وزارة الخارجية الإيطالية وقدّمنا احتجاجنا حول ذلك، وبعدها تمكنا من الحصول على وثيقة تسمح لنا بالدراسة في الجامعة الإيطالية. اخترت الدراسة في كلية الآداب والفلسفة، قسم الفنون والموسيقى والعروض في مدينة بولونيا. كان ذلك في سنة 1979.

دخلت الجامعة بوجل وريبة، ورأيت طلبة ذلك القسم وكأنهم وصلوا إلى مستوى من المعارف التي كنت أجهلها، وكانوا يتحدثون في الممرات بمصطلحات لم أسمع بها من قبل، مثل مشروع العمل، تقنيات الاتصال، وبرمجة الإنتاج والسيميولوجيا. كانوا يناقشون حولها ويذكرون أسماء لم أسمع بها، شعرت كأني لا أعرف شيئاً عن فن المسرح، وكأني أمام طلبة لديهم معارف أجهلها، ولهم تجارب وأشياء لم يكن لي علم بها.

لم تكن لي معرفة جيدة باللغة الإيطالية، كنت أدخل قاعة الدرس وأحمل معي قاموس اللغة. كنت أتابع كل شيء بصمت في تلك البيئة؛ غريبة الأطوار، لكي أفهم. وكنت أراقب تصرفات الطلبة والمدرسين وكل ما يجري من حولي. كنت في تلك البيئة الجديدة، أتحرك بحذر وأنسج الخيوط المتشابكة في ذاكرتي للتواصل مع الآخرين. كان يجب أن ألتقط كل شيء يمر في الهواء من حولي، كل صورة وكل محفز حسي وكل شيء يساعدني على استيعاب وفهم ذلك الواقع الغريب. كنت أرصد كل حركة وسلوك وإشارة فكرية من دون أن أنسى الهدف من هجرتي للتعرف على الثقافة والمسرح في أوروبا. كان عليّ أن

لا أفوّتَ أي شيء، يمكن أن ينفعني في التعلم وكسب المعارف ومواصلة رحلتي.

كنت أتابع الدروس الجامعية المقررة بالرغم من بعد المسافة بين مسكني وعملي في سوق فلورنسة ومقر كليتي في مدينة بولونيا. اخترت متابعة الدروس العملية، الدراماتورجية التطبيقية، أسس الإخراج والدروس النظرية، مثل دراماتورجية النصوص المسرحية وإشكاليات كتابة تاريخ المسرح والنظريات السيميائية، وكذلك سيميولوجيا العرض والمسرح. ودروس اللغة والأدب الإيطالي واللغة الإنجليزية.

عندما بدأت دراسة أسس الإخراج مع الأستاذ لويجي سكورسينا، وهو من مشاهير مخرجي المسرح الإيطالي في الستينيات من القرن العشرين، كنت الأجنبي الوحيد من بين حوالي أربعين طالباً إيطاليًا. طلب الأستاذ أن نقدم أنفسنا؛ ما اسمنا وما هو عمرنا ومن أي مكان جئنا. أجاب عدد من الطلبة وعندما جاء دوري، قلت اسمي وعمري وبلدي العراق. سمعت الأستاذ وهو يقول: «هاهو صوت مسرحي». كان تقديم أنفسنا نوعاً من الاختبار لأصواتنا. طلب مني، ومن بعض الطلبة، الصعود على منصة مسرح قاعة الدرس، للجلوس حول الطاولة، لقراءة نص برنارد شو «بيت القلوب المحطمة»، الذي كان يقدم عرضه من إخراجه على خشبة المسارح الكبيرة في المدن الإيطالية. قام بتوزيع الأدوار علينا. وبدأنا دراسة مادة أسس الإخراج، حسب الطريقة التي يستند هو عليها في إخراجه للعرض. وبدأنا القراءة كل حسب دوره.

عندما جاء دوري، لم أستطع نطق كلمات النص بتلفظ إيطالي صحيح، أوقفني وقال لي وللجميع: «يا أولادي لا يمكن التمثيل من دون معرفة النطق الصحيح والفصيح للغة الإيطالية».

نزلت من المنصة، وصعد في مكاني طالب آخر. بقيت طوال السنة الدراسية جالساً على مقعد الصف وأنا أراقب طريقة إجراءاته العملية: كيف يشرح محتوى النص ويوضح فكرة المؤلف، كيف يوجه الطلبة نحو تونات التعبير الصوتي لبعض الكلمات والحالات الدرامية، وكان يزودنا في نفس الوقت، بمعلومات عن التوجه الفكري وعن الخلفية الثقافية للمؤلف. ويعرض صوراً عن الفترة التاريخية وعن الفنون والأزياء والأشياء في البيئة التي كتب فيها النص، وعن المودة وأساليب الفنون. وفي السنة الثانية من دروس الأستاذ لويجي سكورسينا، تابعت دروس مساعده الأكثر حداثة. وعملنا على دراسة نصوص من الأدب الدرامي الألماني، مثل نص فويزك (1837) تأليف جورج بوخنر، وعملنا على تصوير مشاهد تمثيلية بالكاميرا، من نص سالومي لـ«أوسكار وايلد».

كنت خلال السنتيين أتابع كذلك دروس الدراماتورجية التطبيقية، التي كان يدرسها الشاعر الدراماتورج جوليانو سكابيا. اقترح العمل معنا على نص مسرحي بنتليزيا من تأليف الشاعر الألماني هنريك فون كلايست، المترجم إلى اللغة الإيطالية، وكانت مهمتنا، هي أن نقوم معه بكتابة دراماتورجية جديدة، تتكون من نسيج حركات أجسادنا

وأصواتنا على خشبة قاعة الدرس. كنا مجموعة من عشرين طالباً وطالبة، كلهم طليان، ماعدا طالبة إسبانية وأنا من العراق. بدأنا قراءة النص وتوزيع المهمات. لم أكن ولا الطالبة الإسبانية، نحسن نطق تلفظ اللغة الإيطالية بشكل سليم، طلب الأستاذ من كلّينا أن يقوم في البيت بترجمة كلام دوره؛ كل إلى لغته وحفظه بلغته الأم. وفعلنا ذلك وقمنا بالبروفات مع باقي الطلبة الطليان كل حسب دوره. كان دور الطالبة الإسبانية الملكة «بنتليزيا»، وأنا في دور «أخيل» الذي يقع في أسر جيشها أثناء الحرب. يودع في السجن. كان عشيقها، وكان مشهدنا عبارة عن اللقاء بينها وبين حبيبها. عندما قدمنا مشهدنا، بعد حوار اللقاء (بالعربية والإسبانية)، الذي كان يشوبه الحس التراجيدي الممزوج ببهجة العشق، خرجت أنا من المشهد بصمت وتأنٍّ، وتوجهت نحو زاوية الخشبة، وضعت جبيني على الجدار وانبثق مني صوت مقام غناء عراقي من لحن الصبا، لمدة نصف دقيقة. ثم صمت مطبق. خرجت الطالبة الإسبانية من المشهد، وسمعنا تصفيق الطلبة الطليان، وهم يعبرون عن فرحهم بما شاهدوه وسمعوه.

عندما لاحظ الأستاذ طريقة سيري بخطوات إيقاعية وسمع صوتي، طلب مني -إن كنت أستطيع- تكوين رقصة معركة بالسيف. قمت بتدريب طالبين على رقص السيف كما هي عند العرب في العراق، واستخدمت الكرسي الخشبي كطبل لعزف إيقاع الهيوة كما هو في البصرة، وتم ذلك حسب المستطاع. ومن ثم أدرج الأستاذ ذلك في سياق

البناء الدراموترجي، الذي كنا نقوم بتكوينه جميعنا عمليّاً، منطلقين من كلام النص الشعري لمسرحية بنتيليويا.

إن هذه الطريقة في دراسة الدراماتورجية التطبيقية، التي تعطي المجال لمشاركة حركات الجسد والصوت في تكوين العرض، متجاوزة عقبة اللغة الإيطالية؛ هي التي تركت أثرها البليغ في داخلي، وهي التي شجعتني للعمل على مواجهة إشكاليات اللغة المنطوقة ولغة فصاحة الجسد الفنية في المسرح، في عملي المسرحي بعد الدراسة الجامعية.

كانت مشكلة اللغة في داخل الجامعة من المشاكل الكبيرة بالنسبة لي، خصوصا في الدروس النظرية، وفي لحظة الامتحانات الشفهية، عندما كنت أواجه لغة حذاقة بعض الأساتذه المتحذلقين في مصطلحاتهم اللغوية. كنت أحس بعذاب أليم، وكنت أتصلب، كان ينبغي أن أفهم خبايا الأسئلة. ليس ذلك فحسب، عندما امتحنت في مادة نظريات الدراما سألني الأستاذ أربعة أسئلة، أجبته بما يرضي الجواب. أعطاني درجة متوسطة وعندما قلت له لماذا ذلك؟ أجابني بعنصريته، أنت لست إيطاليّاً، ولا تستحق أكثر من هذه الدرجة. سكت وبلعت جوابه. وبلعت كذلك كلام أستاذي في الإخراج، الذي قال لي: لا يمكنك العمل في المسرح في إيطاليا لأنك لا تحسن نطق اللغة الإيطالية.

كانت مشكلة اللغة تلاحقني، حتى في دروس سيميولوجية العرض للأستاذ فرانكو روفيني. كنت أستمع بكل انتباه لدرسه ومعي القاموس، فهو أستاذ تحول من التخصص في الفيزياء، إلى تدريس السيميولوجيا،

كانت مصطلحاته العلمية تهز عقلي وتجرني نحو متاهة لا يشفع لي فيها؛ لا قاموس اللغة الإيطالية، ولا الانتباه والتركيز لمن يحب المادة.

كان في بداية الدرس يقدم محتوى مادة الدرس، ثم يدخل بحذاقة إلى متاهات الموضوع الذي يطرحه بلباقته، التي كانت تجرني إلى دروب ملتوية أضيع في تلافيفها. كان يستخدم مصطلحات لم أسمع بها قطعاً، كنت أحاول أن أستعين بالقاموس بينما كان يواصل شرحه. كنا حوالي أربعين طالباً في قاعة الدرس. كان الطلبة في الممرات يناقشون حول موضوع الدرس، وكنت أحس أن أغلبهم لم يفهم الكثير منه. كان البعض منهم يسألني وهو يمزح معي: قل لي ما الذي فهمته من الدرس، وأنت منكب على صفحات القاموس؟ كان على حق، كنت في حالة صراع مع ما كان يقوله الأستاذ، من أجل فهم مغزى كلامه.

قررت بعد فترة من متابعة دروس الأستاذ روفيني، أن لا أستعين بالقاموس. وركزت على الطريقته التي يقوم بها في طرح مادة درسه: كيف يبدأ في تقديم الموضوع الذي سيتناوله، كيف يدخل في الموضوع، وكيف يقوم بحبك خيوطه الملتوية، كيف يضرب الأمثال ليسند فكرته التحليلة. وكيف يتوقف بصمت وكأنه يبحث عن فكرة طائرة في الهواء. ثم يستمر في كلامه وحركاته أمامنا، لينسج خيوط مغزى أفكاره التي كانت تلتف حول مساراتها، إلى أن يصل إلى صياغة خلاصة الموضوع. كنت أراقب إيماءاته ونظراته وصمته، وطبقات صوته، وأستعين بما يجود لي به حدسي حتى نهاية الدرس. كنت مسحوراً

ومندهشاً. ماذا كان يقول، ماذا كنت أفهم من الدرس؟ لا أدري. كنت أدرك أنه كان يتناول أحد المواضيع حول المسرح المعاصر، يتطرق لإشكاليات النظام السيميولوجي، ويتناول لوران بارث، وكوزان باربا، غروتوفسكي وأنثروبولوجية المسرح بشكل ساحر، وصار انتباهي موجهاً نحو أسلوبه في طرح المواضيع ومراقبة سلوكه، وطريقة تكوينه لمادة الدرس. بدأت أتمتع بمتابعة أفكار أستاذي البعيدة عن نمطية الدرس الأكاديمي المألوف، سواء في محاضرات الصف أو في ندواته خاج الكلية. كنت أرجع لقراءة كتب مصادر درسه بمساعدة القاموس في بيتي. وفي الحصيلة تعلمت من تلك الدروس، حذاقة الأستاذ في كيفية بناء وتكوين موضوع الدرس بحنكة ودقة مشوقة، وقد نفعني ذلك، فيما بعد، في تدريسي في الجامعة وفي لقاءاتي مع الجمهور للحديث عن تجربتي.

كانت الشكوك تقلقني في كل خطوة أقوم بها في السنوات السبعة الأولى، التي عشتها في إيطاليا. بعد التخرج من الجامعة كنت أسأل نفسي: كيف يمكنني أن أبقى منتصباً بكرامة في مساري، كيف أستمر في المقاومة كغريب في تعقيدات الحياة الجارية وفي الواقع المسرحي في إيطاليا؟ وماذا كان يعني لي العمل في المسرح، في خضم الاضطرابات والحرب الجارية، التي دمرت وطني الذي ولدت فيه؟ كان كل ذلك يبتر أجنحة أحلامي، ويجر كل طموحاتي ومشاريعي نحو الهاوية.

بقيت تلك الأسئلة تراودني في حيرتي؛ حتى اليوم، بالرغم من أنني

قد سرت في طريق مفتوح نحو أفق الحياة/ المسرح. ما زلت أسأل نفسي: ماذا يمكن أن يفعله العرض المسرحي أو تأليف كتاب أو تنظيم سيمنار مع بضعة أشخاص، أمام الموت والدمار؟ ماذا يمكن أن يفعله في مواجهة الفقر والإملاق والمرض لملايين من الناس، الذين يعيشون في تلك الكوارث، التي هيمنت على موطني؛ الذي طمس في بحيرة من طين الذهب الأسود؟

كان ألم تدمير حياة كل إنسان وهدم كل دار، وتحطيم كل جسر، يدفعني إلى الإصرار والصمود في خطواتي من أجل إعادة ترتيب ذاكرتي من جديد، تلك الذاكرة التي تحضن كينونتي، لأمسك بخيوطها، من خلال الحكايات والغناء والرقص والفعل المسرحي، وأصبحت ذاكرتي هي مسكني الذي لا تحده الحدود القاسية.

وكان صوت يرن صداه في ذاكرتي، حوار يدور بين حلاق وصانعه في رواية عربية قرأتها في شبابي: كلام بين صبي يحب تعلم الموسيقى والرقص من معلمه الحلاق الذي كان يعلمه الصنعة، هو يقول له: عندما ترقص لا تنظر في الفراغ، ركز بنظراتك على فكرة ما، أو شخص ما أو صورة ما، أو على طلعة فتاة جميلة. وعندما ترقص من أجل ذلك الشيء أو تلك الفكرة أو ذلك الشخص، يمكن أن يمر سيف بين ساقيك من دون أن يمسّك.

الأركان

عندما أكملت دراستي الأكاديمية في جامعة بولونيا، قسم الفنون والموسيقى والفن، سنة 1984، كانت الحرب مشتعلة بين العراق وإيران.

كان الألم يعصر قلبي، عندما كنت أسمع الأخبار عن هطول القنابل على الناس الأبرياء. كنت أحلم بالرجوع إلى موطني للحفر من جديد في متاهات الحياة والمسرح، لكن ما كان يحدث في تلك الديار، جعل كل شيء بلون قاتم، وهوى في دهاليز الظلام. كانت الأرض تحترق، وكان تعنت الرجال يضرم النار، ودم القتلى يسيل فيها. إنسان يقتّل إنساناً بلا وجل ولا خجل. يا للعار.

كان ينبغي أن أجد الوسيلة للمقاومة أمام تلك الأحداث المفزعة، التي كانت تلجمني وتحدّ من إرادتي في التفكير والعمل.. كان ينبغي أن أستمر بهمتي على مواصلة مسيرتي للعمل في المسرح. كنت أشعر بشلل، ولا يمكنني توظيف صوتي وجسدي. كنت أحدّث نفسي: كيف أستطيع أن أصنع زورقاً يسمح لي بمواجهة تيارات وتلاطم الأمواج في أحداث الحياة والمسرح؟ كيف أواجه بصوتي وجسدي تصفية الحساب مع الواقع ومع تراثي؟

عندما كنت أتابع الأخبار عن الحرب في التلفاز جذب انتباهي (لا أدري لماذا) تلك العلامة الحمراء التي يحملها قائد الأركان في المعارك الضارية. علامة يحملها من له خبرة القتال في الحرب، لهذا يسمى قائد ركن. ومفردة الركن لها معانٍ عديدة باللغة العربية: الركن يعني عموداً يستند عليه البنيان، مثل قولنا؛ أركان الإسلام الخمسة، والركن يعني الزاوية التي ترتكن إليها للخلوة وحدك، ومفردة الركن باللغة اللاتينية (ركانو) تعني السر الذي تحمل به الملائكة من السماء. كانت كل هذه المعاني لمفردة أركان تدور في مخيلتي، وتحث ذاكرتي للعمل على تصفية حساباتي مع ما كان يحدث في الواقع. وهكذا، عندما بدأت العمل على أول عرض مسرحي في فلورنسة قررت أن أسمي مجموعتي فرقة الأركان. كنت أعمل فعلاً في ركن، في زاوية وحدي، في صالة صغيرة في الطابق الأول من مسرح الأخوة، وكانت البناية مهجورة لترميم متوقع لمعمارها. كانت مفردة الركن تعبر عن حالتي الحقيقية، قررت العمل وحدي في تلك الزاوية بصمت وسكينة وأنا أبحث عن بناء عرض لتأسيس ركن من أركان مسرحي، ولكي أكتسب أسرار المعارف المسرحية في الصراع مع ذلك الواقع المحيط بوجودي. هكذا بدأت البروفات على عرض حكاية المتزهد. ثلاث ليال من ألف ليلة وليلة، ومن هنا انطلقت مسيرة فرقة مسرح الأركان في سنة 1984.

كان عملي على تأسيس نواة تلك الفرقة، يشمل العمل على مفردات من ذاكرتي، على الغناء والرقص والعزف على الدف، بإيقاعات غربية وفارسية وتركية، متحفزاً من تجارب معلمي المسرح الكبار، ممن

تعرفت عليهم بشكل مباشر وعن قرب، أو ممن رحل عنا وترك لنا محفزات بعد أن وضع أسس المسرح في القرن العشرين.

كانت تجربة غروتوفسكي، كما جاءت في كتاب نحو المسرح الفقير، وكما سمعت عن حيثياتها منه أثناء حديثه عنها في لقاءات ندواته في إيطاليا؛ من المحفزات المباشرة والمثمر لي. ودفعتني محفزات تجربة مسرح الأودن ومخرجها إيوجينو باربا، والبراهين العملية التي شاهدتها لممثلي الأودن للبحث عن مبادئ ومعطيات أنثروبولوجية المسرح والتجارب الجديدة في المسرح الأوروبي. وقد قرأت في حينها كتاب باربا بعنوان مسيرة المعاكسين، حتى تفتفت الصفحات وتهالكت من كثرة مراجعتي له. كنت أحاول التمحيص في التمارين، التي جاءت فيه واحدة بعد أخرى، ومن ثم أطبقها عمليّاً، توغلت في تلك المبادئ التي جاءت في الكتاب حتى حفظها جسدي وذاكرتي.

كان يجب أن أبدأ وحدي، بعد أن أكملت دراستي الجامعية، وكان ينبغي أن أطبق ما تعلمته وهضمته في سنين الدراسة. واندرج كل ذلك بجانب معرفتي بالمقام العراقي والعزف على إيقاعات الدف والرقص الصوفي، في بناء عرضي الأول، الذي كان نوعاً من التحدي مع نفسي ومع المحيط المسرحي في مدينة فلورنسة.

كنت قد أكملت دراستي الجامعية لتوي، وكنت أعمل في غسل الصحون في المطعم، وكنت عازماً في كل الأحوال، على عمل عرض مسرحي، كان ينبغي أن أنطلق من نقطة ما، تسمح لي بتطبق ما

درسته من مواد خليطة، تتعلق بفن المسرح. ركزت على طريقة سرد الحكايات، ليس كما كانت تحكيها النساء في ليالي الشتاء التي أتذكرها، كنت أريد أن أستخدم تقنيات الراوي بشكل يناسب الغرض المسرحي، كفعل سرد يُرى ويسمع فيه ما يجري في المشهد، لتجنب طراز ما هو معتاد في طريقة الراوي في التراث، أو كما في طريقة المسرح النثري المألوف. لهذا كان ينبغي التفكير بتكوين بنية عرضية تناسب السرد المسرحي. وقد ولد من ذلك عرض حكاية المتزهد في سنة 1984. وتم تقديمه في نفس الصالة الصغيرة، التي جرت فيها ابروفات، في ذلك المسرح المهجور الذي كان يلجأ إليه بعض الفنانين المسرحيين الطليعيين في فلورنسة للقيام ببروفات مسرحياتهم، مثل الفنان الكوميدي ومؤدي الألعاب السحرية بوسترك، الذي كان يتدرب في نفس الصالة، التي كنت أعمل فيها لمدة ساعتين في اليوم، كانت مجموعة المخازن الإجرامية، التي كانت تعمل في إطار المسرح التجريبي، تعمل على خشبة المسرح المهجور. كنت أشعر بقوة ذبذبات الطاقة الإبداعية التي تركها أثر العروض، التي تم عرضها في السابق، وهي تحوم في ذلك الفضاء المهجور.

في تلك الصالة الصغيرة، في تلك الزاوية التي كانت مساحتها بطول 12 متراً وعرض 6 أمتار، كان عليّ أن أنسج بصوتي وجسدي خيوط عملي الأول.

كنت أدفع إيجار الصالة لساعتين، من محصول النقود التي أكسبها

في عملي كمنظيف للصحون في المطعم. كانت إمكانيتي الاقتصادية مزرية، كان ينبغي أن أدفع كذلك إيجار السكن وتدبير حالتي المعيشية، مما كنت أكسبه من عملي في المطاعم وفي السوق.

دعوت رفيقتي لاورا بعد ستة أشهر من البروفات وحدي، لكي ترى ماذا فعلت. جاءت مع ابنها الصبي. رأيت البسمة على وجهيهما بعد أن شاهدا البروفة الناضجة للعرض. قررت لاورا أن تجهز الأزياء والأشياء اللازمة، وتجند ابنها برناردو لمساعدتنا في تحضير سينوغرافيا العرض. وقمنا نحن الثلاثة سوية في تحقيق المطلوب وتقديم العرض في نفس الصالة. قمنا بدعوة 60 شخصاً من المتخصصين في المسرح في فلورنسة لمشاهدة العرض. كان من بينهم أستاذي الجامعي الشاعر والدراماتورج جوليانو سكابيا، ومعه المخرج المعروف كارلو جيككي، وحضر أعضاء فرقة المخازن الإجرامية، الممثل ساندرو لومباردي والممثلة ماريون هامبورغ مع مخرجهم فيدريكو تيتسي، وعدد من الرسامين العراقيين وبعض النقاد الطليان.

عندما قدمنا العرض حدثت في الصالة أشياء غريبة، كان هناك صمت مطبق بعد العرض، بهجة ارتسمت على وجوه المتفرجين، وهم يجلسون على بُسُطٍ ملونة وتحيط بهم رائحة البخور والشموع، ويتلذذون بطعم النغم كأنهم في حضرة طقوس فرح دنيوي. وشعرت أن طاقة العرض الإيجابية قد اخترقت نفوسهم، توغلت فيهم إيقاعات الدف والغناء الصوفي لشعر الحلاج والرقص المولوي بالتنورة البيضاء.

كان المتفرجون يهمسون الكلام فيما بينهم والبسمة على شفاههم، كأنهم أطفال شاهدوا أحداث حكاية ساحرة. جلست أنا على بساطي بقربهم منتظراً سؤال من يرغب بالسؤال.

كان من بين المتفرجين صديق صحفي؛ باولو لاندي، منظم برامج مسرحية، كتب بعد يومين من العرض مقالاً نشره في جريدة المنفست. كانت تلك هي الهدية الأولى تقديراً لعملي. وقد قال من بين ما قاله في المقال:

«أخيراً، بعد أن كثرت الدعوات التي وجهت إلينا من الوسط المسرحي لمشاهدة العروض، والتي غالباً ما كانت مخيبة للأمل، هاهو عرض يستحق أن يبقى في الذاكرة، وينبغي الحديث عنه بعد مشاهدته. لقد قام قاسم بياتلي بتواضع وبوجل وعزيمة كبيرة، بتنظيم وتقديم عرض حكاية المتزهد وحده (...) استخدم فيه التمثيل والرقص والموسيقى في تعبير متناسق ومتميز، كثير الاقتراب من نظرية المسرح الشعري، التي قامت بإعادة صيغتها فرقة المخازن الإجرامية منطلقين من رؤية بازوليني».

قررنا أن نقدم العرض مرّة ثانية بعد أسبوع، وكان ذلك في يوم المرأة. كان العرض مبنيّاً على أساس ثلاث حكايات قصيرة من حكايات ألف ليلة وليلة، تمت صياغتها من خلال الربط بين سرد حكاية متزهد يتحاور مع الحيوانات (باللغة الإيطالية) وغناء مقاطع عربية من شعر الحلاج وشعر جلال الدين الرومي باللغة التركية،

ورقصة صوفية وعزف حي من إيقاعات صوفية عراقية، في نسيج بنية دراماتورجية مسرحية.

كانت الحكاية تدور حول هرب الحيوانات من الحيوانات المفترسة ومن الإنسان، وهربَ الإنسان من جور وظلم الإنسان المستبد. وكان هناك متزهد حائر في خلوته يناجي ربه وهو يغني ويرقص. ويخرج من زاويته ليروي حكاية الحيوانات الهاربة (الطاووس والبطة والغزالة والحمار والحصان والجمل والإنسان)، ويحاكي أصواتهم وحركاتهم وأفعالهم، وينتهى الأمر بهجرة الطاووس ليعيش في صومعة المتزهد بسلام.

حاولت بعد سنة من هذه التجربة، أن أقوم بعرض جديد، يمكن أن يتوجه نحو بناء سردي مشابه، ولكن مع أكثر من ممثل. عملت مع ثلاثة ممثلين طليان من الهواة، وصديق كردي عازف للسنطور، ليشاركنا في مصاحبة سرد الراوي والأحداث المشهد. انطلقت في التكوين الدراماتورجي من مواد استقيتها من رواية حي ابن يقظان للمؤلف الأندلسي العربي ابن طفيل. قمنا بتقديم العرض في حديقة بوسكيتو في فلورنسة، حسب تكييف الفضاء المفتوح للعرض، وخلق جزيرة صغيرة محاطة بالماء. تعلمت من هذه التجربة، طريقة التعامل مع الممثلين بعيداً عن طريقة عملي وحدي، كما فعلت في العرض السابق. لم ينجح العمل، كان يحتاج إلى معالجة تقنيات عديدة، تتعلق بالدراماتورجية والتمثيل.

لم أقتنع بهذا العمل، بينما كنت مستمراً في تقديم عرضي السابق؛ حكاية المتزهد وحدي، وفي أماكن مختلفة في صالة أو قاعة مدرسة أو في مركز ثقافي أو مسرح صغير. تعرفت، من خلال بعض زملائي في فترة الدراسة الجامعية، على مجموعة من الشباب المتمرد في مدينة ميلانو. كانت المجموعة تعيش في بناية مهجورة وتمارس نشاطها الاجتماعي الرافض لسياسة المؤسسات الرسمية. عندما وصلت مكان المجموعة انتابني الذهول أمام الحالة المزرية في تلك البناية. وافقت على تقديم العرض في ذلك الفضاء المتهالك. كان معي زميل عراقي، ليساعدني في تنفيذ الإضاءة، امتعض من قبولي بهذه الحالة المزرية. قمنا بتقديم العرض في سرداب في الطابق التحتي، تحت الأرض. حضر لمشاهدة العرض حوالي 90 متفرجاً، اشتروا التذاكر بمبلغ رمزي. كان ذلك شيئاً مدهشاً، وحدثاً ناجحاً بالنسبة للمجموعة المهمشة. بعد نهاية تقديم العرض، اقترب مني شخص أنيق ومعه صديقه وسألني، إن كنت أرغب في المشاركة في العمل مع فرانكو بتياتو في عرض أوبراليّ (بداية الخليقة) الذي يقوم بتحضيره الآن؟ أعلمني أنه منظم أعمال بتياتو (مغني ومؤلف موسيقي إيطالي مشهور). أجبته: هذا هو رقم هاتفي، ويمكن أن تتصل بي، لكي نتفق. اتصل بي بعد أسبوع. سافرت من فلورنسة إلى مدينة بارما للعمل في مسرح ريجو دي بارما (معمار مسرحي كبير من القرن السابع عشر) في عرض أوبرالي، من تأليف وإخراج بتياتو، كمؤدٍّ لرقصة صوفية (كما قمت بها في عرضي السابق) مع مجموعة صوفية تشارك في العرض. وقعنا العقد للعمل

لمدة شهر مقابل مبلغ مالي معتبر ومشجع، وحسب الأصول الرسمية.
يا للفرصة السعيدة، ابتسم لي الحظ وحالفني، لأول مرة قدمت العرض
في ميلانو.

البرزخ نور الشرق

كان الحماس يوقد رغبتي في إخراج عمل جديد. تجربة جديدة، ليس وحدي ولا مع الممثلين الهواة، فقد فشلت في عملي الثاني مع الهواة، وعزمت على عدم تكرار الفشل. كان هدفي هو العمل على تطبيق بحثي المسرحي، الذي بدأت به في مجال فن الممثل، ولم يكن من الممكن ذلك العملُ مع الهواة، لإخراج العرض، ولا مع ممثل من المسرح التقليدي (النثري) المألوف، وقررت البحث في اتجاه ثالث آخر.

كان يدور في مخيلتي عرض يجري في معبد. تقوم عرّافة بإرشاد ملك في رحلته نحو حالة الصفاء الروحاني.

ولكن أين أجد تلك العرّافة التي تقوم بفعل مسرحي راقص؟

نصحني صديقي وأستاذي جوليانو سكابيا بالذهاب إلى مدرسة الرقص للسيدة دافيزو للبحث معها عن الراقصة.

دخلت معها إلى أحد صفوف الرقص الكلاسيكي للمشاهدة، واختيار راقصة من بين مجموعة فتيات جميلات في مقتبل عمرهن، ولكن ما كنت أبحث عنه في مخيلتي لم يكن يتطابق مع تلك المخلوقات الرقيقة.

فهمت المعلمة دافيزو مقصدي. نادت على روبيرتا بونجيني، التي كانت تدرس الرقص وتعمل سكرتيرة في المدرسة، وقدمتها لي. رأيتها بثيابها الشتوية. نظرت لطلعتها البهية؛ طلعة امرأة ناضجة، ولم يراودني الشك أنها هي العرّافة المنشودة. رأيت النضج في ملامح وجهها، الذي ينمّ عن تجربة فنية. لم أفكر بقدراتها الجسدية. سألتها إن كان لها استعداد في العمل معي في عرض أريد إخراجه. وافقت على ذلك. وهكذا بدأنا العمل سوية لتحضير العرض في ذات الصالة الصغيرة التي عملت فيها عرضي الأول؛ حكاية المتزهد، في الطابق العلوي من مسرح الأخوة المهجور بسبب ترميمه المنتظر. وانطلقنا في عمل بروفات العرض الثالث لي: البرزخ نور الشرق. كان ذلك في منتصف سنة 1987.

كان العمل الذي بدأنا به أكثر من أن يكون برفات فقط، كان نوعاً من المواجهة الفنية بيني وبين روبيرتا. كانت لها خبرة في الرقص الكلاسيكي والمودرن، الذي لم تكن لي فيه خبرة ولا تجربة. كنت أستعين بمعرفتي البسيطة بالرقص الشرقي والصوفي. وراحت معرفتها بالرقص الغربي ومعرفتي بالرقص الشرقي، تمتزجان في عملنا وبحثنا عن تنمية اللغة الفنية المسرحية. كان ذلك أشبه بمواجهة وصراع بين معارف فردين مختلفين في المنشأ والإعداد والثقافة. كنت أراقب طريقة أدائها وأحاول أن أكتسب منها العناصر الأساسية، في فن الرقص وتقنياته، لكي أدرجها مع جسد الفعل المسرحي في بنية عضوية تعبيرية، ليس

من أجل تكوين العرض فحسب، بل لكي أتعلم أنا خفايا لغة الرقص بشكل أعمق. كنّا نعمل بحماس لمدة بضعة ساعات في اليوم، وندقق في مفردات اللغة الجسدية التعبيرية.. كنا نتوقف لدراسة الوضعيات الجسدية والحركات والإيقاع ونوعية الطاقة في عمل الممثل/ الراقص، وكيفية توظيف الأشياء في المشهد. كانت روبيرتا تقاوم أمام إشكالية التمثيل المسرحي، كان يبدو لها أن ذلك يجعلها تنحرف وتبتعد عن طريقة عمل الراقص. كنت أحاول أن أوضح لها الاختلاف الذي بين الحركة الجسمانية المجردة والفعل الجسدي، وأشرح لها بعض مميزات حركات الراقص الشرقي، والمشاكل التي تصاحب الراقص في الأداء. كانت وجهة نظرها بعيدة عن وجهة نظري، وطريقة عملي مع الجسد الحي. كان يخيفها التوغل في الفعل البدني/ الروحاني، الذي لم تكن تعرف معناه. كنّا نصل إلى حد النزاع الفني وكانت الدموع تظهر على خديها بسبب التعب المنهك، وتقاوم، وكنت ألح على مواصلة العمل من أجل التوغل في عمق ما نبحث عنه معاً. وكنت أنا أتعلم منها أسرار فن الرقص، وكانت هي تصاحبني في بحثها عن تجاوز تلك الوضعيات والأشكال الجاهزة والمألوفة في الرقص الكلاسيكي.

وبدأت تتعلم حركات طريقة الرقص الشرقي معي، الحركات المتموجة والدائرية والمتدفقة الإيقاعية، وتغذي ذلك بمعرفتها بالرقص المودرن الأوروبي، وكنا نقوم بتوظيف ذلك التعبير الجسدي في الفعل المسرحي، لتكوين العرض. ودخل في سياق ذلك؛ الرقص الصوفي

والغناء وتقنيات الصوت، بشكل عضوي، لتمتد تلك الطاقات في فعل مسرحي يسري في كينونة الإنسان/ الفنان.

كان ينبغي معالجة الأشياء والأزياء في المشاهد، وقامت لاورا روبينو بتحضير كل ما يلزم أثناء متابعتها لعمل البروفات. وكان عملها معي منذ العرض الأول وتأسيس الفرقة. وهي متميزة بالخياطة وتفصيل الملابس وتقوم بشراء وجمع الأشياء النادرة في السوق، وتحتفظ بها لوقت الحاجة، لكي نستخدمها في العرض. كان حدسها متميزاً بتلقف مغزى الفعل المسرحي، ويتناسق مع مقاصدنا الفنية. كانت تصاميم أزيائها تساير ضرورات التعبير الجسدي للممثل، وكانت الأشياء النادرة التي تزودنا بها، تحفز خيالنا في خلق صور فعلية مسرحية في العرض.

وكانت تلك الأشياء، تثير تداعيات وأفكاراً في مخيلتي، وتضيف إمكانيات فنية للعمل مع الممثل في المشهد.

وقد أصبح العمل على الأزياء والأشياء في المشهد من عناصر بحثنا اليومي على تكوين العرض. أصبح حقلاً من حقول البحث المتواصل في العمل، ودفع بنا ذلك إلى وضع بعض التمارين الخاصة في توظيف الأشياء. وقمنا، في نفس الوقت بتنمية تمارين خاصة بتقنيات الجسد والصوت، والرقص وتوظيف إيقاعات الموسيقى العربية. كنت منفتحاً نحو الأخذ بمحفزات من كل إمكانية، تساعد على تطوير عملنا وتكوين عرضنا المسرحي.

تم تحضير العرض وقمنا بتقديمه في قاعة مسرح الأخوة المهجور في فلورنسة سنة 1988. قمنا بتصميم بناء يشبه المعبد: وضعنا 18 قطعة من الكواليس الخشبية الرقيقة المطلية باللون الأسود، ارتفاع كل لوح منها مترين وعرضه متر ونصف، متراصة؛ بعضها مع بعض، بشكل نصف دائري، وفي أسفل كل لوح زخرفة من الكارتون المثقوب، شبيهة بالشبابيك، وخلف كل شباك شمعة. فرشنا البساط الملون مع وسادات في داخل الفضاء. كان ذلك تصميم مكان مخصص لجلوس المتفرجين. أمّا المكان الذي تجري فيه أفعال الممثلين، فكان عبارة عن مساحة أمتار من التراب المرصوص، فيه بركة ماء صغيرة وحجارة بحجم كرة القدم. كان المتفرج ينزع حذاءه للجلوس في داخل ذلك الجدار المحيط بالفضاء نصف الدائري. كان مكان العرض في تلك الصالة، أمام مساحة خشبة المسرح المهجور رطباً. رأينا بعد بضعة أيام بزوغ نبتة صغيرة في المكان المخصص لأفعال الممثلين.

تم تقديم العرض. بعد أيام نشرت جريدة المنفست مقالاً كتبه جان فرانكو كابيتا الناقد المعروف في الوسط المسرحي، قال فيه من بين ما قال: كان يشعر المتفرج في هذا العرض بنوع من التغريب، ويدرك أنه قد حضر مسار حالة من بلوغ الصفاء الشبيه بحالة تلقين طقوسي. كانت رقصة الممثلة «روبيرتا بونجيني» هي الغاية وهي الوسيلة لذلك المسار، الذي تجسد في حالاته المتعددة وإيقاعاته المختلفة. وكان الممثل «قاسم بياتلي» ينزع ثوب الأبهة والفخامة ليقوم بدوره في فضاء

المشهد العاري بعناصره الأساسية، التي حققها بيتر بروك في عروضه بامتياز، وكان التحول الطقوسي يتجلى من خلال الأفعال وتغير أشكال الأزياء (من تصميم لاورا روبينو).

(...) لقد حضرنا للمشاركة بطقوسية، أو على الأقل بمقاطع من طقس، تجسد بعناصره ومنمنماته الخالصة، وقد وصلت طاقاته في خلق حالة النقاء لمن كان حاضراً، بالرغم من الاختلافات الثقافية لمؤدي فعل البطل في بحثه عن مسار نحو نقاء الروح.

وختم مقاله بالإشارة إلى تصاعد البخار من جسد الممثل، شبه العاري، بعد غسل وجهه وجذعه في بركة الماء، كأن نفحاته تصعد نحو السماء. كانت محض صدفة لم نفكر بها، تفاعلت حرارة جسد الممثل الراقص ورطوبة المكان. وتبخر جسد الممثل بشكل ملحوظ.

عندما قدمنا العرض في مدينة بولونيا مع مسرح ريدوتا، حضر لمشاهدته أستاذي الباحث كلاوديو ميلدوليزي، والمؤرخ البروفسور الصديق، فابريتزيو كروجني، الذي أخبر ـبعد أن أعجبه العرضـ الباحث البروفسور نيكولا سافاريزي، المتخصص بالمسرح الشرقي الكلاسكي (الصيني والهندي والياباني)، لكي يدعونا لتقديم العرض في مدينة ليجّي، واتفق بالمشاركة مع المسرح البلدي الجماهيري. وقدمنا العرض في باحة قلعة كارلو الخامس، ومن ثم قمت أنا بتقديم محاضرة في كلية الآداب في جامعة ليجّي، في قسم المسرح الذي يشغل فيه سافاريزي مقعد أستاذ في تاريخ المسرح.

كتب سافاريزي مقالاً طويلاً عن العرض وعلاقته بالمسرح الشرقي، وبدأت سمعة العرض تنتشر في الوسط المسرحي. وبعدها جاءت دعوات أخرى لتقديم العرض وتنظيم سيمنار حول المسرح والرقص في مدن إيطالية عديدة.

وعندما قدمنا العرض في مدينة بولونيا بمناسبة مؤتمر الدورة الثالثة للجامعة العربية الأوروبية الصيفة، حضر لمشاهدة العرض الباحث التونسي محمد عزيزة والشاعر المعرف أدونيس والباحث المصري صبري حافظ، البروفسور في قسم الدراسات الشرقية في جامعة لندن، وقد كتب مقالاً بعنوان: نحو مسرح طقسي عربي، نشره في جريدة العرب، التي تصدر في لندن بتاريخ 1988-8-16. تناول فيه تجربة العرض بالتفصيل مشيراً إلى الخلفية المعرفية السيميائية والصوفية، التي ظهرت في تجسيد مفردات لغة التعبير الفنية. ويقارب من جانب آخر بين هذه التجربة وتجارب المسرح في أوروبا، مثل المسرح الفقير لغروتوفسكي والمسرح التلقائي الشامل لبيتر بروك، ويركز على ميزات وخصوصيات عرض البرزخ نور الشرق، الذي شاهده في قاعة الحمراء في بناية قديمة في مدينة بولونيا، قائلاً:

«(...) اعتمد على هذه النظم الإشاراتية المختلفة، مسرح قاسم بياتلي الذي ينتمي إلى نوع جديد من الأعمال المسرحية، ويمكن تسميته مسرح المسرحي (...) أي المسرح الذي يكتبه ويخرجه ويشارك في تمثيله فنان المسرح المتكامل، الذي لا يكتفي ككاتب المسرح التقليدي

بكتابة نصه المسرحي على الورق، ثم يجسده على الخشبة، أو يقدم تفسيره العرضي له، وإنما يعتبر التجربة الدرامية هي في جوهرها تجربة تتخلق أثناء تجسيدها المسرحي المرئي، أمام المشاهدين، ويراها تجربة متراكمة اللغات، أو بالأحرى متعددة النظم، التي تعمل في تضافر وتفاعل دائمين.

كان من بين الحاضرين لمشاهدة العرض كذلك، الأستاذة الفنانة المغربية خديجة طنانة، كانت تشغل منصب عمدة مدينة فاس. وقد قامت بدعوتنا لتقديم عرضنا بمناسبة توأمة مدينة فاس مع مدينة فلورنسة. وعندما قدمنا العرض في المهرجان الصيفي السادس في فاس في سنة 1989، سألنا بعض المتفرجين إن كان العرض ينتمي للمسرح المعاصر في إيطاليا، بينما كان المتفرج الإيطالي الذي شاهد العرض يسألنا إن كان ذلك شكلاً من أشكال المسرح العربي.

بعد هذه التجربة المسرحية، انضمت إلى فرقتنا ممثلتان شابتان من فلورنسة. وكان هناك بعض الشباب يتبعون كورسات قمنا بتنظيمها على شكل دروس متواصلة في المسرح والرقص الشرقي التعبيري في مدينة فلورنسة. وأصبح العمل المختبري جزءاً من نشاطنا المسرحي. وقمنا بإدارة ورش عملية مسرحية في معهد الدراما في كامبرج وفي الدار البيضاء في المغرب، وفي الشارقة وفي بلجيكيا...

ونرى اليوم، بعد العمل في تحقيق الكورسات المسرحية العديدة، والمشاركة مع الفرق المسرحية في إيطاليا وخارجها، وتقديم عروضنا

المسرحية؛ بداية تبرعم توجه عملي وفكري مسرحي، يدعى «المسرح الوسيط». وبدأ ذلك المسار الذي مشينا فيه بتمويلنا الخاص وبصعوباته الموضعية الجمّة، منطلقين من محاولتنا الأولى في تلك الصالة الصغيرة في مسرح الأخوة المهجور، بدأ يأخذ بنية كينونته التي استندت على العمل المضني وعلى عزيمة ثلاثة أفراد، يؤمنون بالمسرح على اعتباره إمكانية إبداعية تستقي من الذاكرة الحية ومن رؤية تطبيقية، لبناء جسر بين ضفاف أنهر الشرق والغرب.

إشارات حول توجه المسرح الوسيط

تعريف

نقصد بالمسرح الوسيط الفعل الموضوعي المنجز، الذي يقوم من خلاله الكائن/ الإنسان/ الفنان بتفعيل العلاقة بين عالم للذات والذاكرة الجمعية، وإمكانية التعبير بواسطة تمفصل اللغة المسرحية، في اللقاء مع الآخر.

وينطلق توجه المسرح الوسيط من التطبيق العملي الواعي، الذي يسمح بتفعيل القدرات والإمكانيات الذاتية لما هو فطري وما هو مكتسب، في مسيرة الحياة والفن، من أجل خلق علاقة توازن بين عالم الذات والعالم الخارجي.

ويصبح الإنسان/ الممثل عبارة عن أداة دقيقة خاصة، شبيهة بالأسطرلاب، للكشف عن الكواكب التي في سماء وجوده، وكلما عمل على تحسين تلك الأداة الوسيطة وجعلها مرهفة؛ تمكن أن يرى من خلالها تلك الهياكل اللطيفة التي تكمن فيه، ويرى من خلال فعل الجسد/ الروح ـنفحة الحياة التي تسري بين اللحم وخلايا الدم في نسيج كينونتهـ

تلك الأجساد اللطيفة تتحرك في عالمه الحقيقي، التي تنبثق من الطاقة العضوية الحيوية، وتتجسد في صيغ من الصور الفنية البلاستيكية، الشبيهة بتلك التي نراها تتحرك في الأحلام وفي العالم القدسي. ويعني ذلك القيام بالفعل الوسيط الموضوعي، من خلال تفعيل الهمّة التي تسمح بتجاوز حدود الشخص المشرطة عليه من الحياة اليومية المعتادة، والذهاب نحو تنمية نفسه ذاتيّاً وفنيّاً.

طريقة الإعداد

يشكل الفعل الموضوعي المنجز في المسرح الوسيط، الأساس في طريقة إعداد الكائن/ الإنسان/ الفنان لنفسه، من أجل الظهور وليس التظاهر. فهو ليس واسطة بين عالمين مختلفين؛ عالم المؤلف الكاتب وعالم المتفرج، بل هو فعل يقع بشكل حقيقي في الواقع، ويتغذى من حضور ومعارف الفاعل/ المؤدي (بيرفورمانس) ويتجسد في اللقاء مع حضور الكائن/ الإنسان المتفرج.

ويتطلب هذا النوع من المسار المعرفي والفني؛ الانطلاق من عملية بحث ملموسة متواصلة، والمرور من حالة تحقق إلى حالة تحقق أخرى، من أجل الولوج إلى طريق صحيح يستجيب لاستعدادات ومزاج وميول الكائن/ الإنسان وطبيعية الذاتية/ الشخصية.

ويحدث غالبا، أن يذهب شاب طموح إلى متابعة في مدرسة أو معهد مسرحي أو كورسات مسرحية، بحثاً عن معرفة العناصر الأساسية في فن (حرفة) المسرح، ومن دون أن يجد طريقة حقيقية في تنمية ذاته.

إن البحث عن الطريق في المسرح، تصاحبه من دون شك، الحيرة

والقلق، ولا منفذ في ذلك سوى القيام بالفعل الحقيقي الواعي، وتفعيل الهمّة على العمل انطلاقاً من أبسط الأمور والتدرج في الفعل من أجل التطور في مسار ذات العمل المنشود.

ويمكن أن ينطلق الشاب الطموح في تكوين نفسه، من خلال محفزات عمل من سبقه من المعلمين في المسرح، ومن تجارب المعلمين الذين طرحوا الأسئلة الجوهرية في مسرح القرن العشرين، والذين أبدعوا في عملهم الفني، وركزو على بداغوجية الممثل، وصبوا انتباههم على ضرورة القيام بالفعل الحقيقي الذي يقع حقاً. وقد أعطى كل واحد منهم أجوبته الذاتية، ضمن تجربته العملية وحسب طريقته ورؤيته في فهم وممارسة فن (حرفة) التمثيل.

إن توجه بداغوجية المسرح الوسيط إذن، يشكل إمكانية من بين الإمكانيات المسرحية الأخرى في العمل على تفعيل الهمّة في توظيف مراكز الطاقات الكامنة في كل واحد منا: مركز الطاقة الجسمانية والانفعالية والفكرية، ويمكن في الواقع التمييز بين طاقة مركز ومركز آخر أثناء البحث. وهناك ثلاث مفردات في اللغة العربية تشير لنا لتلك الطاقة الكامنة في شرائح خلقة الإنسان: طاقة البعد الجسماني والجسداني والبدني.

تشير المفردة الأولى للبعد الجسماني: ذلك الجانب البيولوجي وهيكلية العمود الفقري ومفاصله، وهو قابل للتقسيم إلى مناطق مختلفة (القدم والصدر والحوض...) ويخضع للتشريح. ومن خلاله يقوم الإنسان بحركاته المعتادة ويتميز بحواسه الخمس.

أمّا المفردة الثانية، فتشير إلى البعد الجسداني: ذلك الجسد الذي نتصوره في خيالنا، الجسد/ الذهن. ومرتبط بالتجسيد الفكري، والصورة التي نرى بها الآخر عندما نستحضره في مخيلتنا.

بينما تشير المفردة الثالثة؛ البعد البدني الفيزيولوجي: إلى الملامح الفيزيولوجية/ السيكولوجية في تعابير قسمات الوجه والإيماءات الصغيرة البدنية، والأفعال البدنية المرتبطة بحالات التعبير عن الانفعال النفسي.

كل بعد من أبعاد خلقة الإنسان المركبة، متصل بمركز للطاقة التي تظهر في أنواع مختلفة من الأفعال، مثل الفعل الحركي/ الحسي (الذي يتميز به الإنسان منذ ولادته)، والفعل الفكري والتخيلي للصورة المنطبعة في الذهن، وفعل خلجات النفس في انفعالاتها، وتتفاعل هذه المراكز الثلاثة للطاقة الأساسية؛ فيما بينها، ويمكن أن تمتزج بنسب معينة في الفعل الكامل، أو التام المتوازن، للإنسان الناضج. وسنقوم بشرح ذلك بالتفصيل في الصفحات المقبلة.

ينبغي أن نقول هنا إنه لا يوجد طراز واحد فقط في فن التمثيل، وليست هناك طريقة واحدة في التفكير وممارسة المسرح، حتى وإن كان هناك نوع من التمثيل السائد، كما نجده في المدارس المؤسساتية التقليدية، والذي ما زال هو المهيمن في جانب منه في الغرب، الذي يصر في تركيز انتباهه على تجسيد وتفسير الممثل للشخصية من نص أدبي درامي، خلال خياله ومعالجاته لتجسيد البعد السيكولوجي/ الاجتماعي.

ولكن لو أردنا أن ننظر للتمثيل، ونتوقف عند معنى المفردة باللغة العربية، سنجد أن لها معاني عديدة ومختلفة، فهي تعني التمثيل الذهني كما في التفكير بالمقولات الفلسفية، أو كما في التشبيه للصورة الشعرية في مخيلة من يكتب الشعر ومخيلة/ ذهن المتلقي للصورة الشعرية.

والتمثيل بمعناه العام لدى العامة، يشير إلى التحايل أو التظاهر، مثل تحايل الغني وتظاهره بالفقر، أو العكس. ويمكن أن يكون ذلك نوعاً من التنكر والتماهي خلف صورة غير صورة الشخص، من أجل الحصول على مأربه. وقد يتنكر بثياب المتسول ويغير طبيعة صوته، وقد يتظاهر بالعرج وهو ليس بأعرج، كما نجد ذلك في حكايات مقامات الحريري. ويتم في هذه الحالة تغير في شمائله وحركاته، وشكل جسمه وعريكته (كركتره الخارجي).

وهناك معنى ثالث لمفردة التمثيل، تشير إلى من يقوم بتمثيل طرف آخر، مثل التمثيل النيابي للشعب، أو تمثيل سفير لدولته، أو تمثيل موظف لشركة ما. ولا يتم في هذه الحالة تغير في العريكة، ولا تظاهر، بل يقتصر على حمل رسالة من طرف إلى طرف آخر، تمثيل صوت الشعب مثلاً، أو حمل رسالة من مسؤول إلى آخر أو من شخص إلى شخص آخر.

وهناك معنى آخر لمفردة التمثيل في اللغة العربية: تشير إلى التمثيل بجثة المقتول وتشويه ملامح وجهه، لغرض طمس هوية الشخص، ومعالمه وعلاماته الفارقة، لكي لا يتم التعرف عليه (بقصد إخفاء الجريمة).

وهناك معنى خامس لمفردة التمثيل: تستخدم في علم الأحياء، تُشير إلى عملية التغذية والهضم وتمثيل الطعام في زغابات الأمعاء. وهنا يتم امتصاص الغذاء بعد أن يحول الطعام من مادة صلدة إلى سائل مستحلب، يمتصه الجسم من خلال عملية عضوية دقيقة ومعقدة، تسمى في علم البيولوجيا عملية التمثيل، ويتحول الغذاء إلى طاقة بيولوجية، تتيح للإنسان القيام بمختلف الحركات الحيوية في الحياة.

وهذا المعنى الأخير لمفردة «التمثيل» هو الذي يهمنا من منظور المسرح الوسيط: بمعنى أن الكائن/ الإنسان/ الممثل يتغذى منذ ولادته بمفردات ثقافة ملته ومن البيئة التي يعيش فيها، ومن ثم يهضمها في كينونته، لتتحول إلى أفعال سلوك يمارسها كشخص في محيطه الاجتماعي. وذلك هو ما يسمى في علم الأنثروبولوجيا بـ» ثقافة المنشأ» التي تشكل الأساس والمنبع الذي يستقي منه الكائن/ الإنسان/ الممثل مواده الفنية، ليصوغها ويحولها من خلال فعله، وتفعيل تجربته الحياتية وخياله وتقنياته الخاصة بعمله الفني؛ إلى صور درامية مسرحية فنية.

ولكن كيف يمكن تطبيق ذلك عملياً في تربية وإعداد أو بداغوجية الكائن/ الإنسان/ الممثل؟

من الواضح أن كل ممثل، يولد ويعيش وينمو في بيئة وثقافة ومحيط اجتماعي محدد، وينتمي لتراث معين، وله ذاكرة جمعية وفردية، ويكتسب منذ الطفولة سلوكاً وأفعالاً عاشها وشاهدها ممن هو أكبر منه عمراً، وله تأثير خاص عليه. أي يكتسب سلوكاً إنسانيّاً عامّاً

أنثربولوجيّاً، أو سلوكاً وأفعالاً خاصة طقوسية، ويتعلم الأمثلة ونوادر الحكمة الشعبية وسرد الحكايات، أو يتعلم نماذج من الغناء والرقص من تراثه.

ولكن ينبغي أن يقوم الكائن/ الإنسان/ الممثل بتصفية وترشيد كل هذه المواد الحياتية الخامة لطبيعته الأولى، ويقوم في نفس الوقت، بالمثابرة بهمته من أجل اكتساب وتكوين طبيعة ثانية فنية مسرحية، والانفتاح نحو تقبل طبيعة مزدوجة: طبيعة ثقافة المنشأ وطبيعة تكوينه الفني، لتتفاعل كلتا الطبيعتين في صياغات عمله المسرحي.

إذن، ينبغي أن يغذي نفسه بمعارف وثقافة تراثه الإنساني، سواء من خلال مشاركته المباشرة في الحياة الاجتماعية في بيئته، وبما تتميز به من معارف وممارسات طقسية واحتفالات، أو من خلال تغذية نفسه بثقافة الكتب الفكرية والفنية وقراءة الشعر وسماع السرد والحكايات الشعبية، وذلك حسب توجه ميوله الطبيعية ومزاجه وتقبله الذهني. ويقوم تفعيل طاقاته الجسدية/ الذهنية وخياله الشخصي، وما اكتسبه من معارف إنسانية وفنية، لينجز نوع العلاقة الحيوية والديناميكية بين طاقات طبيعته المزدوجة (طبيعة ثقافة المنشأ وطبيعة تكوينه الفني)، لتتفاعل فيما بينها، وتمتد وتظهر في صياغة لغته التعبيرية وأداء فعله الفني.

ويعني ذلك ضرورة التوجه الواعي نحو البعد الأفقي والعمودي من ذاكرته وكينونته الإنسانية، والانتقال الفعلي من سلوكية الحياة اليومية

المعتادة إلى إمكانية القيام بفعل غير معتاد (حسب مفهوم أنثروبولجية المسرح)، لكي يقوم بتوظيف طاقاته المختلفة بتفاعل عضوي، في عملية إبداعه الفني الذاتي، في الظرف المسرحي.

مراكز الطاقات في الكائن/ الإنسان/ الممثل

البعد الجسماني/ البيولوجي

يشكل الجسم/ الهيكل العظمي والمفاصل وعضلات الأعضاء المختلفة المرئية؛ مجال القيام بالأفعال الحركية. وتعتبر منطقة المحاشم والعصعص، بين الجذع والأطراف السفلية، مركزاً للطاقة الجسمانية.

إن الفعل الحركي مرتبط بسلوك الحياة اليومية المعتادة، ومشروط بشكل آلي (ميكانيكي) بالتعود وبالسلوك الاجتماعي المعتاد، الذي يدفعنا إلى تحديد إمكانية توظيف طاقاتنا الحيوية، في اتجاه محصور وأحادي الجانب.. لو نظرنا إلى خلقة الإنسان برمتها من الخارج، نراها وهي تمر من أمامنا أو تأتي نحونا، ولا نلاحظ تفاصيل من سماتها وفعلها الحركي. كما يحدث ذلك عندما نرى الشخص وهو يمشي أو يركض أو يقفز أو يتشقلب، بفضل طواعية عموده الفقري ومفاصله وعضلاته، ويمكن أن ندرك حسيّاً طبيعة ذلك الشكل، وتلك الحركات، حتى من دون أن نعرف ما هو القصد من ذلك. ويمكن أن يحدث ذلك أيضاً، عندما ننظر ونرى الوضعيات والحركات الجسمانية الظاهرية، في دخول الممثل للمشهد وفي الأداء.

وعندما ننظر لخلقة الإنسان بحركاتها الميكانيكة، تبدو لنا كنموذج شبيه بحركات دمية خيال الظل، التي تتحرك بفضل مفاصلها.. يمكن تحريك رأسها أو ذراعها أو ساقها بشكل منفرد وميكانيكي. ويمكنها أن تأخذ وضعيات جسمانية متنوعة، وأن تقوم بذلك من خلال سرعة زمنية وإيقاع محدد.

ينبغي إذن، أن نركز انتباهنا على جسم الممثل، وعلى حركاته ونوعية الطاقة التي يقوم بتوظيفها، ليس فقط من حيث طواعية وليونة الجسم، بل من حيث إمكانية التعبير. لذا عندما نعمل على فن الحركة، في مجال إعداد الممثل، يستوجب التمييز بين طاقة الحركة الجسمانية، والطاقات الأخرى الانفعالية والفكرية، التي تكمن فيه. لأن كل حركة جسمانية، يمكن أن تظهر كحركة فيزيائية، ولكنها تكون ممزوجة بنوع من الحس، أو بنوع من المشاعر أو المقاصد بنسب معينة وحسب نوعية الفعل. لذا يستوجب أن يتم توجيه فعل الممثل الجسماني، أثناء الإعداد الفني، نحو القيام بفعل حركي عضوي واعٍ، وملاحظة نوعية طاقته، وتحفيز مراكز طاقاته الأخرى الكامنة فيه، التي تتطلبها عملية الخلق الأكثر تعقيداً.

ينبغي أن يعرف الممثل؛ كيف يقوم بتوظيف كامل بنيته الجسمانية والسيطرة على تحريك كل جزء من جسمه، بشكل دقيق، والسيطرة على توازن جسمه. ويتطلب ذلك، بالدرجة الأولى، تحفيز نوع من الديناميكية العضوية لتضاد القوى الجسمانية الملائمة، التي تتيح له القيام بتفعيل مختلف الإمكانيات، والطاقات الحيوية بشكل عضوي.

ويعتبر الجسم، في كل الأحوال، هو الواقع الحقيقي الذي يمكن به؛ ومن خلاله، إنجاز الفعل، وتشكل الحركة فيه عنصراً مرئيّاً كامتداد للفعل، سواء الفعل الجسماني أو الفعل الصوتي. ويمكن من هذا المنطلق، أن نعتبر الفعل الحركي كمادة فيزيقية محسوسة، وكوسيلة فعّالة، يمكن من خلالها أن يتم بشكل واعٍ إزالة صلابة بنية الجسم وحركاته الميكانيكية، وتشذيب الحركات الزائدة غير النافعة، مثل حركات التشمير والتعود الآلي، التي لا تفيد لا في تنمية قدرات الممثل الذاتية، ولا في عمله الإبداعي. ولهذا يكون من الضروري أن يقوم الممثل بنوع من «الانتقال» من توظيف الجسم في الواقع المعتاد المشروط؛ أحادي الجانب، إلى إمكانية حقيقية لإنجاز الحركات الحيوية والواعية النافعة، لتوظيفها في لغة التعبير.

هناك العديد من أنواع الحركة المرتبطة بالتجربة الحياتية الإنسانية: حركات تعود الشخص في حياته المعتادة أو في نشاطه اليومي، وحركات مشروطة بعادات المجتمع الذي يعيش فيه، وحركات رمزية للمراسيم والطقوس التي يمارسها، وحركات يهدف من خلالها إلى تحقيق هدف ما.. إلخ.

إن وجود الحركة هو إشارة لوجود الحياة وسريانها، وهناك حركة لكل كائن حي، وكل شيء حي، وفي الظواهر الطبيعية، في حركة الهواء وتمايل أغصان الأشجار وتدفق موجة النهر والبحر، وحركة لهيب النار والبركان، وتموج الأفعى وخفة حركات القطة وإيقاع عدوالحصان وتثاقل حركة الفيل.. إلخ.

لكن الحركة التي يقوم بها الإنسان، لا تقتصر على حركاتة العضوية الطبيعية الضرورية، فهو بخلاف الكائنات الأخرى، يقوم بتوظيفها لغرض التعبير عن مقاصده وتجسيد أفكاره وانفعالاته. وهناك بعض من حركاته غريزة وغير إرادية، مثل حركات دقات القلب أو التنفس، وهناك حركات مفروضة عليه من الخارج، لا تخضع هي أيضاً لإرادته واختياراته، ولكنه يستطيع أن يختار حركاته، ويقوم بتركيب تمفصلها في لغة المخاطبة والتعبير.

والحركات التي نقوم بها في الحياة، سواء تلك التي تخضع لطبيعتنا أو لثقافتنا، تشكل الأساس الحيوي، ليس في مجال تجربة الإنسان المعتادة، بل يمكن العمل من خلالها على تطوير الذات بشكل متناسق (هارموني)، وتنمية مراكز طاقاتنا المختلفة. وتختلف حركات كل فرد عن آخر، حسب استعداد قدراته الجسمانية وميوله الطبيعية ومزاجه، وذلك ما يحدد، بطريقة ما، خصوصية ونوعية طاقة حركاته، التي تشكل المواد الأساسية في مجال العمل الإبداعي للممثل/ الراقص.

يستطيع الممثل أثناء إعداد نفسه، أن ينطلق من أي فعل حركي بسيط، مثل المشي، ويركز على طاقته الجسمانية، أو ينطلق من وضعية في الجلوس والقيام، أو من حركات اللعب، لكن ينبغي أن يقوم بها بوعي، لكي يستطيع أن ينجزها بطريقة يرتب فيها نوعية طاقتها وسرعتها وتوجهها الفضائي وشكلها، لتحقيق إمكانيات تعبيرية. ومن المفيد أن ينطلق الممثل من الأفعال الحركية، التي تنقسم إلى نوعين: حركات

متنقلة وظيفية، يشترك فيه الجسم كله، من خلال الانتقال في الفضاء المحيط به، وحركات موضعية يشترك فيها جزء معين من الجسم أو عضو من أعضائه، من دون الانتقال من مكان إلى آخر.

ومن أجل العمل على الحركات الجسمانية الوظيفية، يمكن أن نختار وضعية انتصاب قامة الجسم ونمشي حسب الاتجاهات الفضائية المختلفة، ونقوم بتنويع مسافات الخطوة أو توظيف شكل القدوم وفي السرعة، أو نقوم بتغيير وضعية الجسم للجلوس، ومن ثم تغير وضعية الجلوس من شكل إلى آخر. ونركز على ديناميكية الجسم، على تضاد التوتر والاسترخاء للعضلات، وعلى التوازن في الانتقال من وضعية إلى أخرى.

ولو قمنا بذلك بشكل بطيء جدّاً (سلو موشن)، سنحس بوضوح بديناميكية الجسم ونوعية الطاقة، التي تم توظيفها في تحول ثقل الجسم من جهة إلى أخرى، ومشكلة توازنه (أو عدم توازنه)، وكذلك قوة حركة قدمنا في كل خطوة نقوم بها، والتوتر أو الاسترخاء في مختلف مناطق جسمنا.

ويمكن أيضاً، أن نركض باتجاه معين، نحو الأمام أو الخلف بسرعة خاطفة، ونتوقف فجأة، ونحس بخفة وثقل الجسم وتوازنه.

ويمكن بطبيعة الحال، أن نقوم بالفعل الحركي كما قلنا، من دون انتقال الجسم في الفضاء المحيط به، وإنجاز حركات صغيرة، سواء

في تمايل الجسم (انتقال الثقل من جانب إلى آخر)، أو تحريك منطقة أو عضو من أعضاء الجسم، ولكن من خلال التركيز على ديناميكية الجسم، أي على تضاد توتر القوى الفاعلة بين الجذع والأطراف والرأس، التي ينبغي أن تمتد في الحركة، لكي يتم تجسيدها، ليس من مفاصل الأطراف فقط، مثل تحريك الذراع أو اليد فقط، أو تحريك الرأس فقط، بل ينبغي أن تنطلق حركة كل جزء من مركز الطاقة الجسمانية، حتى في حالة تحريك أصبع واحد أو تحريك العين، بمعنى أنه تنبثق الحركة من ديناميكية الجسم، وطاقة العمود الفقري، لكي لا تكون خافتة وباهتة.

ومن خلال تطبيق مبدء الديناميكية وتضاد القوة الفاعلة، يمكن أن نقوم ببعض النماذج من الحركة التي تسمح لنا بتحريك جزء أو عضو من الجسم بشكل منفصل: مثل نموذج الحركة الدائرية والحركة المتدفقة، التي يمكن من خلالها تحريك الكتف فقط؛ مثلاً، أو منطقة الصدر أو الحوض، بشكل دائري وبسرعات مختلفة. ويمكن من خلال الحركة الدائرية أن نقوم بتحريك منطقة الحوض بأحجام دائرية متنوعة: مثل الصغيرة، من خلال تحريك ما بين المحاشم والعصعص بشكل كروي من دون مشاركة الوركين، وحركة دائرية متوسطة الحجم، يشترك فيها الوركان، مع بقاء الجذع منفصلاً بلا حركة، ويمكن القيام بحركة أوسع من خلال تحريك الحوض والجذع سوية. وينبغي في ذلك تطبيق سرعات مختلفة: بطيئة ومعتدلة وسريعة.

ويمكن توظيف الحركة المتدفقة في فصل جزء من الجسم، والقيام بدفع الورك نحو الجنبين، أو دفع الصدر نحو الأمام والخلف، بضربات قوية أو خفيفة إيقاعية.

ويمكن أن نطبق نموذج الحركة المتموجة أو اللولبية، التي تتطلب بطبيعتها مشاركة أكثر من جزء من الجسم، مثلاً؛ القيام بتحريك الذراع بشكل متموج من خلال مشاركة الكتف والمعصم واليد والأصابع، في استنادنا على ديناميكية الجسد. ويمكن كذلك القيام بتحريك قامة الجسم بحركة متموجة شبيهة بحركة الأفعى، التي يشترك فيها الجذع والوركان والساقان والذراعان والقدمان، وإنجاز ذلك سواء في نفس المكان، أو في الانتقال نحو اليمين أو اليسار.

ونستطيع من خلال تطبيق كل هذه النماذج الحركية، أن نقوم بتفعيل عمل العمود الفقري والمفاصل، لكي نكتسب القدرة؛ ليس فقط على تحقيق الحركة المطواعة للفقرات، بالدرجة الأولى، وليونة بنية الجسم؛ بل السيطرة ـكذلكـ على تحريك دقيق لجزئية منفصلة/ متصلة من الجسم. ويمكن من خلال توظيف مبدء الفصل والوصل في حركات الجسم، أن نقوم بحركة ارتجافية أو متذبذبة، مثل هز كتف واحدة بشكل منفصل، أو هز الكتفين والصدر، أو هز قامة الجسم بكاملها، من خلال دفع القدمين نحو الأرض بشكل متواصل، وخلق ذبذبات هزة تنتشر في كامل الجسم.

عندما نقوم بتطبيق نماذج الحركة هناك، من الواضح مشاركة العضلات في توترها، ويمكن أن يحدث ذلك التوتر من دون وعي،

حتى في حالة مجرد الوقوف انتصاباً أو مجرد الجلوس في وضعية معينة، حيث تصبو العضلات نحو التوتر والتقلص من دون وعينا.. يمكن أن تتوتر عضلات الظهر والكتفين والصدر تلقائيّاً، ولكن يمكن القيام بذلك بوعي، وجعل الكتفين والرقبة والذراعين في حالة استرخاء.

إن مشكلة التوتر والاسترخاء تواجه الممثل في كل حركة، ولو توترت مجمل عضلات جسمه، ستؤدي إلى نوع التخشب وعدم القدرة على الحركة. ولا يمكن من جانب آخر، أن تكون عضلات الجسم في استرخاء كلي، لأن ذلك يعني فقدان قوة الطاقة الجسمانية، التي يسند عليها ثقل وقوة الجسم، ويصبح مثل المشلول.

هناك إذن، توتر ضروري في عضلات الجانب، الذي يقوم بالفعل الحركي، نسبة للفعل، وهناك توتر زائد عن اللزوم، لذا من الضروري الانتباه لعدم توتر الجانب غير الضروري للقيام بذلك الفعل. وذلك يعني جعل طاقتنا الجسمانية تعمل بتوازن وبشكل سليم، ومن دون هدر الطاقة. كل فعل حركي يتطلب نوعاً من التوتر العضلي في ذلك الجانب من الجسم الذي يقوم بالفعل، عندما نمشي مثلاً، هناك توتر أكيد في الساقين، ولكن لا داعي في ذلك؛ أن تتوتر الرقبة أو الجبين أو اليد أو الكتفان، لذا ينبغي إزالة التوتر غير الضروري. وعندما يمشي الممثل ينبغي أن يلاحظ، ليس مشكلة التوتر والاسترخاء فحسب، بل كذلك ديناميكية وإيقاع الحركة.

يشكل الإيقاع العمود الفقري لكل حركة يقوم بها الممثل، ويمكن أن

ندركه حسيّاً، ويكشف لنا عن نوعية العلاقة بين شخصين، أو عن توتر ما؛ في حالة شخص ما. إن حركات الممثل لا تتم بشكل اعتباطي من دون انتباه، كما يمكن أن يحدث غالباً، في الحياة اليومية المعتادة، أو كما يمكن أن يحدث في ذلك النوع من المسرح الذي يقوم بعكس السلوك اليومي المعتاد للشخص. إن العمل على تنمية قدرات الممثل الجسمانية يشكل البعد الأولي، من أجل تنظيم وترتيب عمل مفاصل الجسم وليونته وإزالة الفوضى في حركاته. ينبغي أن يتم ذلك من خلال تطبيق مبادئ الحركة وعلاقتها بمركز الطاقة الجسمانية، التي يمتد منها الفعل بشكل ملموس ومحسوس ومرئي.

البعد الجسدي.. تجسيد الصورة

تستخدم مفردة الجسم والجسد في اللغة العربية غالباً من دون التمييز بينهما، لكن يمكن التمييز بينهما حتى ولو بشكل افتراضي، لكي نتعمق في رؤية الفرق بين مركزين من الطاقة الكامنة في مجمل كينونة خلقة الإنسان.

نميز في طريقة رؤيتنا وعملنا التطبيقي بين الجسم العضوي، الذي نفخت فيه الروح، والجسد/ الذهن، الذي يمكن من خلاله رؤية صورة الإنسان في خيالنا وفي تجسيد الصورة الفكرية.

نميز كذلك، بين مختلف أنواع الروح حسب المنظور الروحاني: هناك روح حيوانية لها موقع بين الدم واللحم، أي بمعنى نفحة الحياة التي تسري في الإنسان والحيوان، من خلال تنفس الهواء، وهي الروح السفلية، وهناك أرواح أخرى وسطية، وهناك روح عليا؛ قدسية سامية.

ويتميز الإنسان عن الحيوان وباقي الكائنات الحية، بملكة النفس التي تدرك فعلها، لأن الإنسان هو إنسان (على حد قول أبي حيان التوحيدي)، بفضل النفس وليس بفضل الروح، ولو كان الإنسان إنساناً

بفضل الروح، لما كان هناك فرق بينه وبين الحمار، لأن في كليهما نفخت الروح.

ويعيش الحيوان، ويقوم بحركاته الانتقالاته، بفضل فطرته وغريزته (يتحرك النبات في نسغه الصاعد والنازل بين الجذر والجذع وأوراقه)، بينما يتحرك الإنسان، بفطرته ولغرض تحقيق مقاصده الذهنية.

وتستخدم باللغة العربية، مفردة الجسم، للإشارة للكواكب وللحيوان والنبات والجماد، وتستخدم مفردة الجسد في تشخيصنا لخلقة الإنسان وطاقاته. وقد قيل في الشعر العربي الكلاسيكي: «جسد أشبه شيء بالخيال وفؤادي عن هواكم غير سالٍ». لأننا نرى جسد الإنسان كصورة في خيالنا ونتذكره. وتستخدم مفردة الجسد في قولنا تجسيد الأفكار ولا نقول تجسيم الأفكار.

ولكن بماذا يفيدنا هذا النوع من التمييز الفكري، وكيف يمكن أن نوظفه عمليّاً في بيداغوجية الممثل المسرحي؟

ينبغي أن نقول، قبل الدخول بالتفاصيل العملية، إن هناك تناضحاً بين الجسد والذهن في عمل الممثل، ولكن يمكن للذهن أن ينتقل بطبيعته الميكانيكية في تداعياته، من حال إلى حال، من دون ارتكاز على مركز توازن مستقر، ولا يخضع لأبعاد اتجاهات الفضاء، كما يخضع الجسد لذلك، فهو في حالة حركة مستمرة في كل اتجاه بلا تناهٍ في «اليقظة» وفي «المنام». إن قفزات الذهن من دون هدف وتداعياته غير الموجهة

في الحياة المعتادة، تؤدي إلى هدر طاقاتنا، وتجعلنا نشعر بالتعب من دون القيام بأي جهد عضلي.

ونجد من جانب آخر غالباً، صراعاً بين ما يريده الذهن وما يريده الجسد، حتى إننا نجد في بعض الأحيان تضادّاً بين الطاقة الذهنية والجسدانية، لحد بلوغ التنازع، خصوصاً في حالات التعبير (العبور من الداخل نحو الخارج).

إذن، كيف يمكن تجاوز الشرخ بين الطاقة الذهنية/ الداخلية، والطاقة/ الجسدية/ الظاهرية، للقيام بفعل جسداني واعٍ، يجسد الصور الفكرية؟ يمكن أن نستعين بتفعيل ملكة التركيز والانتباه.

يمكن أن نركز على فكرة معينة، أو نوجه نظراتنا على نقطة معينة في شيء ما؛ لمدة زمنية من دون أن نسمح للتداعيات الذهنية الطارئة، وتنقلات الذهن الميكانيكة، كما في العادة، أن تجرنا نحو الشرود الذهني.

ونميز من وجهة نظرنا وفي عملنا، بين التركيز والانتباه: فالتركيز بطبيعته عملية توجيه الطاقة الذهنية نحو نقطة ما، أو جزئية أو كلمة أو مكان محصور محدد، أمّا الانتباه، فيتم من خلال توجيه الطاقة الذهنية/ الجسدية، نحو أكثر من اتجاه أو مكان وفي آن واحد: مثلاً، لو وضعنا على رأسنا كتاباً وركضنا ثم توقفنا فجأة.. سنركض وسننتبه لكي لا يسقط الكتاب، ونوجه انتباهنا نحو الرأس والجذع لكي يبقى منتصباً،

وننتبه للتوقف فجأة ولمسك طاقتنا، والحفاظ على توازننا، ويتغير إيقاعنا وديناميكية جسدنا لتجنب سقوط الكتاب. وهكذا يكون الانتباه موجهاً نحو أكثر من جهة: نحو حركة الجسد وتوازنه وديناميكية وضعيته، ونحو الشيء الذي يوجد فوق رأسنا خارج الجسد/ الذهن.

إن التمرين على التركيز والانتباه، يساعد الممثل على توسيع قدرة توجه طاقاته نحو ما يسمى «دوائر الانتباه»: نحو وضعيات الجسد وحركاته وإيقاعه ونحو شيء مادي ملموس خارج جسده، أو لنقل، نحو خلق العلاقة بين الجسد/ الذهن، والعالم الخارجي المحيط به.

ويتم تنمية قدرة التركيز والانتباه في مرحلة إعداد الممثل نفسه فنيّاً، لكي لا يقع في مطبات الحركات الآلية. وبعد فترة من التدريب، يمكن أن يكتسب التطبع السليم لينمي قدرة أخرى لتحفيز التركيز والانتباه، من خلال ما يسمى «عيونه الداخلية»، أي يرى من خلال تحسسه لوضعياته الجسدية، ودقة حركاته في الفضاء الداخلي/ الخارجي، من خلال حدسه لعلاقة الذهن/ الجسد، مع الأشياء في الفضاء المحيط به.

إن القيام بالفعل من دون التركيز والانتباه، يؤدي إلى فصل طاقة الذهن عن الإدراك الحسي، لهذا يتطلب العمل على تنمية وتوجيه الطاقة الذهنية/ الجسدية، للممثل من خلال تمارين دقيقة، من العمل على دقة الحركات والمفاصل وأعضاء الجسد، وتمفصل شكل حركاتها

وسرعتها واتجاهاتها، من أجل بناء تخطيط (رسم شكل) الحركة في الفضاء، وخلق العلاقة مع الأشياء المحيطة به.

ويمكن أن نلاحظ نوعاً من الصراع في العلاقة بين الذهن ومفاصل الجسم بوضوح. مثلاً؛ عندما نقوم بحركة دائرية، من خلال تحريك اليد اليمنى باتجاه عقارب الساعة، ونقوم في آن واحد، بحركة دائرية باليد اليسرى، في اتجاه معاكس، سنجد في البداية صعوبة ما، لأن حركة أطراف الجسم تخضع لأوامر الذهن في حركتها كما هو معتاد، بشكل متناظر (سمتري)، أي الحركة باتجاه واحد فقط لكلتا اليدين. وعندما نريد أن نحرك اليد اليمنى في اتجاه معاكس لليد اليسرى، سنجد نوعاً من مقاومة الذهن في تغير ما تعود عليه من حركات سمترية متناظرة، ويرفض الحركة غير المتناظرة (لا سمترية) اللا معتادة.

ويحدث نفس الشيء، لو أردنا أن نحرك اليد اليمنى بحركة دائرية ونقوم في آن واحد، بتحريك القدم بحركة دائرية معاكسة في الاتجاه.

سنجد صعوبة كذلك، لو أردنا تحريك اليد اليمنى بحركة دائرية وتحريك الذراع اليسري بحركة متموجة، أو تحريك الذراع بنوع من الاهتزاز، وتحريك الذراع الأخرى بشكل متموج.

إن كل حركاتنا المقصدية، تحدث من خلال توجيه الحركة في الفضاء. ولكن يمكن أن تكون الحركة في الفضاء جسمانية محضة، مثل رفع الذراع أو الساق نحو الأعلى، ويمكن أن تكون الحركة بقصد معين، لخلق علاقة مع شخص آخر، مثل مد يدنا بطريقة ما؛ لمصافحة

شخص ما، للتعبير عن نيات معينة. ويظهر ذلك من خلال زمن/ سرعة/ إيقاع الحركة للذراع، وطريقة انحناء الرأس، وتوجيه (أو عدم توجيه) النظرات نحو الشخص.

ولهذا من المهم معرفة سلوك الذهن الميكانيكية، وتوظيف إرادتنا لتوجيه تداعياته لخلق علاقة عضوية بين الذهن وحركات الجسم، وذلك من خلال التركيز على فعل معين، له هدف معين، ليتم توظيف طاقاته بشكل صحيح، وتلافي ميكانيكية سلوكه.

ويمكن أن نتحقق من وجود مختلف أنواع التداعيات في النشاط الذهني: تداعيات مثيرة/ خيالية.. خواطر دائمة التحول في الصورة، من دون أن تستقر على نقطة محددة، وتجر الشخص نحو لعبة من الوهم المغري. وهناك تداعيات تحط وتستقر على رؤية صور محددة لا نفاذ لها، وتتجسد في نوع من حالة الوسواس، وهناك تداعيات أخرى تسري بشكل متناسق (هارموني) وعضوي، في داخل الشخص، وتؤدي إلى حالة من الهدوء والتوازن.

وهكذا نجد أن التداعيات التي تقفز من حال إلى حال؛ وتلك التي تستقر على صورة حالة واحدة فقط، وتصبح نوعاً من الوسواس؛ مبعثُ هدرٍ للطاقة الذهنية، ومثيرة للقلق والنرفزة، ومن ثم تعيق إمكانية توجيه التركيز نحو القيام بتوظيف طاقاتنا العضوية بشكل صحيح، وتحقيق الهدف المنشود في عملية الإبداع.

ينبغي إذن، التمييز في عمل الممثل، بين التداعيات الذهنية الميكانيكية، وتلك التداعيات التي تنبثق من توجيه الفعل الجسدي/ الذهني أثناء التدريب اليومي (أو أثناء الارتجال). بمعنى أنه ينبغي القيام بالفعل أو الحركة أو الوضعية الجسدية، بشكل عضوي، وتحفيز الذهن على التفكير أو التصور لتداعيات يمكن توجهها وصياغتها في صور مخفية/ مرئية في الظاهر. يمكن جعل التداعيات الذهنية ترتكز على الأفعال وكأنها مادة فيزيقية، ومن ثم يمكن إعادة خزنها في الذاكرة. أي يمكن إنجاز سلسلة من الأفعال التي تظهر من خلال حركات صورة الجسد/ الذهن، ورؤيتها من خلال ما يسمى العين الداخلية (تحسس طاقة توترات الجسد)، وتكرارها وخزنها في الذاكرة. ولا يعني ذلك تجسيد المعنى الذهني من خلال الفعل الجسدي، بل يعني أن الأفكار تظهر في الحركة، وتولد من علاقة الفعل مع الظرف الذي يندرج فيه، ومن تفاعله مع العالم الموضوعي في المحيط الخارجي.

ينبغي في كل الأحوال، أن يتم توجيه التركيز والانتباه، نحو خلق العلاقة مع فضاء العالم الموضوعي، من أجل اختيار وتثبيت الهدف، ويكون الذهن في هذه العملية، مرتبطاً بشكل مباشر بحاسة البصر (وملكة البصيرة)، ومن خلالها يرى ما هو بعيد أو قريب، ويدرك مسافة ابتعاد أو اقتراب جسدنا من شخص أو شيء ما، وعلاقتنا به. وذلك هو ما يسمح للجسد/ الذهن بالحصول على المعاني المرئية في الفضاء، وتقوم العلاقة المتبادلة مع البعد الفضائي، بتزويده بمعانٍ أخرى.

ولا يمكن الفصل بين حاسة البصر (العيون) وحركة (الرأس) الجسد في الفضاء، ويشكل ذلك المؤشر العملي الذي يضطلع بدور الوسيط بين الفعل المدرك والحركة والمقاصد الذهنية. ولتجنب النظرات الفارغة والشاردة للممثل، ينبغي أن ينظر وأن يرى حقيقة شيء محدد، أو شخص محدد شريك معه (أمامه أو في خياله) وبشكل دقيق، لذا يستوجب تفعيل التركيز والانتباه بشكل متواصل.

إن فعل النظر عمليّاً، هو فعل التمييز والتفريق، لرؤية مميزات وتدرجات ملامح الشيء أو الشخص الذي ننظر إليه، ويعني ذلك، العثور على توازن تام بين حركة العين الداخلية (النيات) للذهن، والعين الخارجية (للحاسة الفيزيقية). ويتم بهذه الطريقة تمازج عين البصر (الفيزيقية) والبصيرة (العقل) بشكل واعٍ، ومن دون شرخ بين الطاقة الذهنية (في الرأس) والطاقة الجسدية (في الجسم).

إن فن الممثل، من جانب آخر، هو عبارة عن طريقة «تفكير تطبيقي»، تفكر من خلال الأشكال والصور، وليس من خلال التداعيات الذهنية الميكانيكية، ولا التداعيات الوصفية، ويتم تفعيل تلك الأشكال في الحاضر هنا؛ والآن، وليس من خلال استدعاء وصف الفعل في الماضي، ولا بصفته المستقبل، بل يقوم بالفعل الحقيقي الملموس، أي الذي يقع حقّاً، وله بنية ملموسة ومرئية. ويتم إنجاز فعل الممثل من خلال طاقة الجسد/ الذهن، ولا يقتصر على عالم تخيل صور ذهنية غائبة.

يقوم الممثل بهذه الطريقة بتوظيف الطاقة الجسدية/ الذهنية، لتكوين بنية لمجمل أفعاله وحركاته المتصلة، بنوع من التسلسل الزمني والتزامني، وربطها بالتداعيات الذهنية الموجهة، ومفردات فصاحته الجسدية، لتكوين جملة من الأفعال المرئية، التي تتضمن المقاصد الدقيقة، التي يمكن صياغتها، فيما بعد، كمقاطع فنية تتشكل في ظرف مسرحي كصور من «السرد» المرئية، التي يمكن أن يراها ويحسها ويقرؤها المتفرج.

إن معرفة الممثل «ماذا يفعل» و«كيف يفعل»؛ تسمح بعدم انشغال باله بالتداعيات الذهنية التي تبعده عن هدفه، وتزيل القلق والاضطراب الذي يمكن أن يأتي من الأحكام المسبقة على إمكانياته، وتساعده على أن تتدفق طاقاته بشكل انسيابي وملموس، وهكذا يمكن معالجة الشرخ الذي قد يحصل بين نشاط طاقته الذهنية، وطاقته الجسدية.

طاقات البدن ـ النفس

تشتمل النفس على مركزين من الطاقة: الانفعالية والذهنية (ليس التفكير المجرد للعقل)، وهي مرتبطة في علاقة وثيقة بطبيعة البدن. وكل فعل بدني منجز يعكس الطاقات الداخلية للانفعال والنيات والمقاصد، ويظهر ذلك في ملامح الوجه والإيماءات الصغيرة، وفي صور مواقف جسدية، وكذلك في نوعية الصوت ونبراته.

يتطلب القيام بالفعل في المسرح تفعيل الإرادة. ولا نعني بالإرادة هنا، أن تريد أو لا تريد القيام بالفعل، بل الهمّة في القيام بفعل ملموس، وتجاوز العقبات التي تجدها أثناء عملك، وبطريقة تستجيب لميولك الطبيعية، للكشف عن طريقتك الخاصة في التعامل مع الواقع الموضوعي، وتنمية إمكانية القيام بفعل خلاق.

ويمكن القول، إن العمل على الأفعال البدنية وتلك الجسدية/ الذهنية، يفيد الممثل في عملية بناء صور وأشكال وصياغة تخطيط فني هادف، كأرضية لإنجاز فعل سيكولوجي/ بدني (بسكو سوماتيك).

لا ينبغي التعبير عن الانفعالات والمشاعر بشكل مباشر، لأنها تهرب بطبيعتها من تحكم الذهن وسيطرته، فهي لا تخضع لإرادتنا. لا يمكن أن نحب أو نكره قسراً. لهذا ينبغي تركها طليقة، والتركيز على قنوات ملموسة من أفعال وصور بدنية، لكي تسمح بجريان الطاقة الرقيقة فيها. وتنبثق المشاعر والانفعالات من ذبذبات دوافع داخل البدن، ومن صور اللطائف التي تكمن في حركة النفس، وتظهر من خلال أشكال الحركة والإيماءة والسلوك المنجز.

إن العمل على صياغة الأفعال البدنية، والوضعيات والمواقف (الداخلية ـ الخارجية) تسمح لنا بتجسيد صور، يتم الربط بينها في سلسلة من المقاطع التعبيرية. وكل وضعية جسدية أو بدنية خارجية، مرتبطة بموقف داخلي. لذا ينبغي التمييز بين الوضعيات الشكلية (الشبيهة بوضعيات الرياضة السويدية)؛ الميكانيكية الخالية من مسحة التدرج الانفعالي، وبين الوضعيات والمواقف البدنية التي تعبر عن الإحساس بصور بلاستيكية. ويمكن تشخيص ذلك من خلال ملاحظة العلاقة «المتناظرة» أو «غير المتناظرة» بين مختلف أعضاء الجسم (الرأس والأطراف العليا والسفلى) والجذع. ومن الضروري أن يقوم الممثل بالعمل على الوضعيات «غير المتناظرة» لخلق صور ديناميكية، فيها انطباع تدرج مسحات انفعالية، ترتسم في البدن، ويمكن أن يتم ذلك؛ سواء أثناء عدم انتقال الجسم من مكان إلى آخر، من خلال حبس الطاقة التي تمتد في توترات صورة الجسد، أو في حالة مزج ذلك مع حركته الانتقالية، ويعبر ذلك عن حضور توتر القوى المتنازعة

بشكل جدلي/ ديناميكي، كما لو أن الطاقة الذهنية تخترق صورة الجسد، في كلتا الحالتين.

ويشمل الفعل البدني، بهذه الطريقة، الصورة التي تعبر عن تدرجات نوعية الطاقة الكامنة فيه، وعن التوتر أو الاسترخاء في البدن، لنوع من التضاد/ الديناميكي في إيقاع السلوك الجسدي. ولكي يقوم الممثل بفعل حقيقي وملموس في صورته البلاستيكية وحركاته الدقيقة المُعبرة عن انفعالاته ومقاصده الذهنية، ينبغي أن يقوم بتفعيل كل وسائله وأدواته الذاتية والفنية، لكي ينجز فعلاً يحس به الناظر إليه، ويقنعه ويدرك المغزى الذي فيه.

ويمكن للممثل أثناء إعداد نفسه، أن ينطلق من أية وضعية موقف جسدي بسيط، أو أي فعل حركي مثل المشي أو خلق العلاقة مع شيء ما؛ ملموسٍ، ويقوم بتنميته حسب المبادئ الفنية. لكن ينبغي عليه التمييز بين الوضعيات والحركات الميكانيكية التي يقوم بها (مثل تلك التي نراها في وضعيات وحركات الرياضة السويدية)، التي تظهر في شكلها ونسبها المتناظرة (سميتريك) بين أطراف الجسم والرأس والجذع، وبين تلك التي تتشكل من خلال صورة بلاستيكية غير متناظرة (لا سمترية) في نسبها بين الأطراف والجذع، أي تلك العضوية التي تعبر عن مسحة انفعالية وسمة مقصدية.

عندما ننظر إلى خلقة الإنسان/ الممثل، نرى قبل كل شيء، صورة وضعياته ومواقفه الجسدية: نلاحظ وضعية قامته إن كانت مستقيمة

في وقوفه أو مائلة نحو الجنب أو نحو الأمام أو نحو الخلف، ونلاحظ وضعية رأسه أو أطرافه وعلاقتها مع جذعه، حتى في حالة جلوسه. ويمكن أن ندرك حسيّاً، أو من خلال الحدس، ما هو مخفي وما يسري في ذلك الموقف الجسداني، من مقاصد أو من حالة سيكولوجية.

يمكن أن تظهر الدوافع الداخلية في ملامح صورة التوتر والاسترخاء العضلي، في أدق التفاصيل البدنية، في اليد أو الذراع مثلاً، أو في الكتف أو في ملامح عضلات الوجه أو في بروز الصدر نحو الأمام، أو في حلقة العين أو في ذبذبات الرموش أو وضعية الساقين، ويمكن أن نلاحظ في ذلك وندرك حسيّاً سمة من سمات الخوف أو التحدي أو النرفزة أو حالة التربص أو الاندهاش.. إلخ.

وقد قمنا في عملنا البيداغوجي مع الممثل، بتوظيف تمارين خاصة، لها علاقة بالبعد البدني؛ بيسكو-سوماتيك (psychosomatic)، وانطلقنا من مميزات الأفعال البدنية (فيزيكل أكشن) وبناء سلسلة متواصلة منها أخذت تسمية «صور خلقات انفعالية»، وذلك من أجل العمل على مواقف «حالات النفس»، مثل الخوف أو الشجاعة أو الكسل.. إلخ.

واعتمدنا في ذلك على بناء وتركيب مختلف الوضعيات والمواقف الديناميكية، والحركات والايماءات التي يمكن أن تمر من خلالها الطاقة بشكل محسوس، في سلسلة الأفعال البدنية المرئية.

يمكن للممثل أن يعمل على نوعية طاقة أفعاله الظاهرة في الحركات والوضعيات وصياغة تفاصيلها الدقيقة: في توتر عضلات الجسم وديناميكة الجسد وتوازنه وإيقاعه، من خلال خلق العلاقة مع محفز خارجي، مع شيء أو شخص (حاضر أمامه أو في خياله) للقيام برد فعل مناسب، يثير فيه نوع الاندفاع الداخلي. ويمكن أن يعمل على تنظيم وتركيب الأفعال وردود الأفعال لبناء مقاطع فنية.

يمكن أن ننطلق في ذلك مثلاً، من أخذ صورة موقف ديناميكي للجسد، في حالة عدم حركته المتنقله، ونقوم بمعالجة وصياغة تفاصيله من خلال «خيالنا الفعّال»، لتنمية صورته التعبيرية.

ويمكن كذلك، أن نحصل على الموقف الديناميكي، من خلال تفعيل تمرين الحبس (ستوب) الذي يتطلب وجود مرشد يقوم بتوجيه التمرين من الخارج. أي يمكن مثلاً، خلق حالة حركية، في داخل بستان، نقطف من الشجر بعض التفاح؛ ونتحرك فيه بسرعات مشي أو ركض متنوعة، ونقفز لقطف الفاكهة، ونستمر بذلك، حتى نسمع صوت المرشد وهو يوعز بحبس (توقف) الحركة، وعندها نرى المشاركين في اللعبة وهم في وضعيات مواقف جسدية ديناميكة، بسبب حبس الطاقة في الجسد بلا حركة، أشبه بتماثيل منحوتة في صورتها الحية.

وينبغي أن يتم التركيز في التمرين على التوقف من الحركة بشكل تام، والحفاظ على الوضعية من دون تغير، وفي نفس الوقت، يتم توجه

طاقة الذهن، أي توجيه الانتباه نحو المناطق المختلفة للجسد، ونتحسس (من خلال عيون الذهن)؛ أماكن التوتر والاسترخاء في مختلف أعضاء الجسم، ومن دون تغيرها، إلى أن نسمع صوت المرشد، لننطلق من جديد بالحركة والقفز في البستان، ونستمر بالتمرين هكذا، بين الحركة وحبسها، لمدة زمنية محددة.

وذلك يعني أن انتباهنا يعمل من خلال توجيه علاقته مع ما هو خارجي؛ سماع صوت المرشد، وأشكال الحركة التي نقوم بها، وتوجيهها في نفس الوقت، نحو تحسس توتر واسترخاء الجسم، من خلال العيون الداخلية للذهن.

ويمكن أن نقوم بحفظ تلك الوضعيات لحبس الطاقة، في الذاكرة الجسدية/ الذهنية، ونستخدمها كمواد لغرض خلق سلسلة من الوضعيات الديناميكية والمعبرة، كتمرين لتكوين مقطع فني فعّال.

ترجمة الفعل الكلامي إلى فعل منجز

يمكن من جانب آخر، أن ننطلق في تمرين آخر من محفز كلامي، من جملة نثرية، مثلاً، أو من بيت شعري، أو مثل شعبي، ونركز على «الأفعال الحركية» التي فيه، ونستخرجها، ونقوم بترجمتها إلى فعل منجز. ومن الطبيعي أن نقوم في هذه الحالة، بالعمل على كل فعل بشكل منفرد، ونشخص مختلف تفاصيل الحركة التي تظهر من خلالها مميزات الفعل، ونقوم بمحاكاة مبادئ الحركة.

لنأخذ مثلاً؛ فعل دفع من جملة ما، ونقوم «بترجمته» إلى فعل منجز: نتخد في بداية الأمر أسئلة ندعوها «أسئلة مفاتيح»: ما السرعة التي تتم بها الحركات (بطيئة ـ معتدلة ـ خاطفة) وما نوعية الطاقة (قوية ـ متوترة ـ لينة)، ما شكل الحركات (دائرية ـ متموجة ـ في خط مستقيم)، ما الوضعية للجسد (إن كان ذلك في حالة انتصاب القامة أو انحنائها)؛ وأين تتوجه نظرات العين؟ ونقوم بعد ذلك بمعالجة التفاصيل التي تدخل في الفعل. ومن ثم نسأل: ماذا ندفع؟ شيء كبير أو صغير، صحن طعام، جدار أو شخص، أو عربة، وما علاقتنا به؟ وما الهدف من القيام بهذا الفعل؟ ولماذا أنا واقف ولست جالساً؟ ويمكن أن نتخيل

وضعيات مختلفة في إنجاز الفعل، ويمكن أن لا ندفع بيدنا، بل بكتفنا أو برأسنا أو بقدمنا أو بكامل جسدنا. ونقوم بكل هذه العملية مع كل فعل نختاره. ونقوم معالجة تفاصيل الفعل بالتدرج، لكي نكشف عن المقاصد والنيات التي فيه. ونقوم بعد تثبيت كل التفاصيل والخيارات، بربط فعل مع آخر، حسب معايير مونتاج أولي، يتيح لنا تركيب وبناء مقطع، فيه سلسلة من الأفعال التي استخرجناها، وقمنا بإنجازها وصياغتها بصورة مبنية وفنية.

ويمكن أن تكون الأفعال مأخوذة من حلم أو ذكريات أو نص أدبي، ولكن ينبغي أن تخضع لنفس الإجراءات والمبادئ والمعايير الفنية. ويكون الفعل البدني بهذه الطريقة محفزاً ملموساً، ويتم من خلاله تجسيد طاقة المراكز الثلاثة: الجسمانية والجسدية والبدنية، وتظهر في سلسلة صورة من الأفعال السلوكية، التي تشكل الظرف الذي ينبع منه مغزى ومعنى جديد في بنية المقطع.

إن هذه الطريقة من العمل على الفعل، وإجراءات صياغته وتركيبه، تساعد الممثل على معرفة «ماذا يفعل» و«كيف يفعل»، ويعيش تجربة الفعل بكل تفاصيله، وينخرط في أدائه، ضمن الظرف الذي يتم خلقه وصياغته من دون أن يشغل ذهنه بالضرورة؛ بمشكلة ما يسمى «الاندماج»، ويتجنب محاكاة الفعل بشكل ميكانيكي خارجي أو بطريقة وصفية واهمة، ولا يقع في متاهة ما يسمى ضخ العواطف والمشاعر، التي لا تؤدي سوى إلى نوع من الإطناب والمبالغة أثناء التمثيل.

ويظهر من خلال هذه الطريقة في العمل على الأفعال، مشاركة الذهن والجسد في دقة الحركات، والأداء لفعل ملموس حقيقي (يقع حقّاً)، من دون تلكُّؤٍ، وتسري فيه الطاقة غير المرئية الكامنة في الفرد، في صور مرئية، ولها بنيتها الفنية. ويصبح «التصور الفعّال» أو تفعيل الخيال من خلال الفعل المنجز، في هذه العملية، إمكانية حقيقية، وليس عبارة عن تخيل وهمي، يجري في الخيال فحسب.

عندما نقوم بفعل حقيقي، يعني أن هناك شخصاً (ذاتاً) يقوم به، وليس الجسد بمفرده ولا الانفعالات بمفردها ولا الذهن بمفرده، بل تشترك فيه كل مراكز الطاقة الكامنة في الكائن/ الإنسان/ الممثل، التي يتم التنسيق بينها بهمّة خلاقة. عندها يمكن أن نتحدث عن الفعل التام، من دون شرخ بين طاقة البعد الداخلي، وطاقة البعد الخارجي، أو بين البعد الذاتي والموضوعي. ويعني ذلك أن الممثل ينجز الفعل بإدراك، ولكن ليس ذلك الإدراك الذي يعي أنه يدرك، أي من دون تحكم الذهن المباشر بالفعل، بل من خلال الهمّة والعزيمة والانتباه القادر على أن يتوجه نحو أكثر من جانب، في آن واحد، لكي يتدفق الفعل من دون قلق أو شرود ذهني، حتى في حالة مواجهة شيء طارئ أو عقبة قد تظهر أثناء العمل، ومن دون الخضوع لأحكام مسبقة لذهننا، أو أحكام من ينظر لنا ويلاحظ فعلنا المنجز. وهكذا يمكن بلوغ مستوى من الدقة، في بناء صورة الفعل، وجعل طاقاتنا تجري طليقة وحيوية في الباطن والظاهر.

الحواس الخمس اللامرئية

من المعتاد في المسرح، أن يتم التركيز على واقع الإدراك الحسي العلوي، إن جاز لنا تسميته هكذا، أي إدراكنا للواقع من خلال حاسة البصر والسمع: نسمع ونرى ما يقوم الممثل بتفسيره في داخل المشهد. أمّا واقع الإدراك الحسي السفلي؛ اللمس والتذوق والشم، فيتم تركه جانباً، ويُبعد كما لو أنه من عالم إبليسي تم إقصاؤه من فردوس الكلام والصورة، في اعتباره غير قادر على الكشف عن المغزى والمعاني الفكرية، ولا يمكن تشفيره، ولا يمكن تجسيده في صور التمثيل الذهني والتكوين الدراماتورجي.

إن إعطاء الأهمية في المسرح للسمع والبصر فقط، يعني بالدرجة الأولى، بتر إمكانية الممثل وحرمانه من ملكاته الحسية الكاملة، وبالتالي إقصاؤها من إمكانية انخراطها في ثنايا الفعل المشهدي (في المسرح). ويؤدي ذلك بطبيعة الحال، إلى نوع من عدم التناسق بين الرأس (الذي توجد فيه الأذن والعين في اتصال مباشر مع خلايا قشرة الدماغ؛ موقع التفكير والتحليل) والجسد (موقع التلمس والتحسس بالتوتر العضلي والانفعالات)، كأن وجود الإنسان وروحه مرتبطان بالفكر والتفكير

فقط، والانفعالات مرتبطة بما يتم استدعاؤه من خلال الكلام الذهني في المسرح، ويتم إقصاء rappresentation والحركة، ويتم إعطاء الأهمية لحالة عرض، تمثيلي الروح، نفحة الحياة، التي تسري في كل الأعضاء الداخلية والخارجية، وفي كل الحواس الخمس في الكائن/ الإنسان/ الممثل.

ينبغي إذن، عند تعاملنا مع الحركات الجسمانية والصوت في المشهد، ألّا نأخذ في الاعتبار، حضور ملكة الحواس الخمس فقط، بل نقوم بتوجيه عمل الممثل أثناء إعداده من الخارج نحو الداخل، ومن البعد السفلي نحو البعد العلوي، وتقودنا هذه الطريقة نحو واقع حضور الأجساد اللطيفة، ونحو الصور الشفافة للنفس الإنسانية، التي تشكل أرضية لبعد وسيط بين الجسمانية العضوية (الذي تسري فيه نفحة الحياة/ الروح) وبين العقل بوعيه وتصوارته المدركة.

لو نظرنا للإنسان، من جانب آخر، منذ اللحظة التي يولد فيها، نجد من الواضح، أن حواس العالم السفلي؛ اللمس والتذوق والشم، هي أولى الحواس التي لها حضور في وجوده، ويدخل ذلك فيما يسمى بالمرحلة الحسية الحركية، ومن ثم تنمو لديه بالتدرج حواس العالم العلوي؛ السمع، ومن ثم تنمو حاسة البصر بالتدريج للنظر، وفرز ما يحيط به، من أشخاص وأشياء من حوله.

واللمس هو أول الحواس التي يتحسس بها الوليد جسم أمه، والعالم الخارجي والفضاء المحيط به، ومن ثم تنمو حاسة التذوق (التي لها

صلة باللمس الداخلي في مضغ الطعام، ومع الجهاز الهضمي) ولها ارتباط مباشر بحاسة الشم.

ولا يمكن أن توجد حياة الإنسان من دون حاسة اللمس، ولا يمكن العيش من دون الطعام ومضغه، بينما يمكن ذلك من دون وجود حاسة البصر أو السمع.

إن ما يهمنا هنا، على أية حال، ليس طريقة نمو الحواس الخمس عند الرضيع، وإدراكه الحسي للعالم الذي يولد فيه، بل كيف يمكن أن تتم تنمية واقع حواس خمس أخرى (غير حسية) لا مرئية لدى الكائن/ الإنسان/ الممثل، التي تشكل ملكات غير مرئية مكملة لتلك «الحواس الخمس المرئية»؟

لقد تناولنا في الصفحات السابقة الموضوع الذي يخص تمفصل حركات الجسم، وشكل الحركة وعلاقتها بالبعد الفضائي وطريقة تركيباتها، من خلال اللجوء إلى تفعيل ملكة غير مرئية: هي ملكة التركيز، التي تعمل على النظر في تشخيص التفاصيل الدقيقة. وتحدثناعن التداعيات الذهنية الموجهة والتخيل، على اعتبارها ملكة غير مرئية مرتبطة بملكة حاسة مرئية هي السمع، على اعتبار أن سماع الصوت، كمادة لها طبيعة شفافة، أو لنقل هوائية (أقل لمسا من البصر)، يثير خيالنا ويثير تصوراتنا الداخلية.

أمّا الآن، فيمكن أن نتحدث عن الحواس الأخرى؛ ملكة حاسة اللمس (التي لا ترتبط بعضو جسماني محدد، مثل العين التي ترى والأذن

التي تسمع)، التي تشتمل على انخراط الجسم كله، وهي حاسة شبيهة بالمُخبر الحسي، الذي يستطلع ويتحقق من مختلف جوانب الواقع الظاهري. ويقوم اللمس بوظيفة توجيهنا حتى في حالة غلق عيوننا وشدها بِعِصابة، أو في مكان مظلم. في هذه الحالة يتم تفعيل ملكة حس (غير مرئي)، أي ملكة «الانتباه». وهكذا يمكن أن نؤكد على أن الانتباه هو عبارة عن ملكة «حاسة غير مرئية»، يمكن أن توجهنا في الفضاء المحيط بنا من دون حاسة البصر. والانتباه هو نوع من الانشداد القادر على أن يمتد بين جسدنا (وعالمه الداخلي) والفضاء المحيط بنا (العالم الخارجي).

إن انتباهنا، على أي حال، يتحفز بشكل تلقائي في بعض الأحيان، كما هو الحال عندما نمشي على أرضية زلقة، أو عند صعودنا على سلم مرتفع غير مستقر: نقوم في مثل هذه الحالة، بصب انتباهنا على طريقة وضع أقدامنا بحذر في المكان المناسب، ويؤدي ذلك إلى تغير إيقاع وسرعة خطواتنا المعتادة، وتتغير وضعية وموقف الجسد من خلال انحنائه قليلاً نحو الأمام، ونثني الركبة قليلاً، لكي نسيطر على توازن الجسم غير المستقر، ويشترك في ذلك عمودنا الفقري وتوتر عضلاتنا ونبحث عن التوازن المستقر.

لكن يمكن العمل على تحفيز ملكة الانتباه من خلال بعض التمارين البسيطة، مثل: وضع صحن معدني أو كتاب على الرأس، كما ذكرنا سابقاً، وتسبيل الأطراف العليا والمشي بسرعة، ثم التوقف فجأة.

والنزول لحد الجلوس. أو يمكن جعل الصحن ينتقل بحركة حذرة ودقيقة، من الرأس إلى الصدر، ورميه بدفع من الصدر للمسك به بين يدينا.

أو من خلال تمرين العصا في جعلها تدور بين باطن الكف وخارجه، أو رميها عموديّاً، ومن ثم مسكها من أقصى أسفلها، أو وضعها على أصابع القدم أفقيّاً ورميها نحو الأعلى، لمسكها بيدنا من وسطها.

إن ما يهمنا هنا، هو توضيح أهمية توظيف الأشياء في تمارين الانتباه، فهي تساعدنا على خلق علاقة مع العالم الموضوعي، وتوجيه فعلنا نحو الشيء، وفي نفس الوقت، توجيه طاقات انتباهنا نحو جسدنا، بكل ما نحسه وما ندركه في سرعة الحركة وتوتر العضلات وتوازن الجسم. ونجد في تمارين الانتباه نوعاً من تفعيل «الاستعداد» (أو الجاهزية)، لرد الفعل الذي يحدث ونحس به (بشكل غير مرئي)، تحت الجلد وفي الأحشاء.

إن حالة الجاهزية ورد الفعل غير الواعي (كحاسة غير مرئية)، تحدث كذلك عندما تحفز رائحة ما، حاسة شمنا تلقائيّاً. وفي كل رد فعل في الجاهزية، تشترك طاقة داخلية (حشوية) ندركها حسيّاً من الداخل، وتظهر في حركة أو موقف جسدي معين من خلال رد الفعل، الذي يمكن أن نسميه «انجذاب حشوي».

يمكن إذن، أن نضع ملكة «الحاسة الحشوية» (غير المرئية) مقابل ملكة حاسة الشم، التي تنبثق كتيار لطاقة (رد فعل)، لا تنحصر في

الطاقة الجسمانية فحسب، بل هي نفسية أيضاً، وتمتد في حيوية الجسم (الذي تسري فيه نفحة الحياة والروح)، التي تتموضع بين التنفس والدم واللحم والأحشاء.

وهذه الجاهزية (الحاسة الحشوية)، هي شبيهة بتلقائية غريزة الحيوان في ردود أفعاله غير الواعية، وفي استجابته المباشرة لأي محفز خارجي مثير. وتكمن حيويته في علاقته مع العالم المحيط به، من دون أن يلجأ إلى ضرورة عقلنة الإشارات ذهنيّاً وفك شفرات المحفز الخارجي.

يمكن أن نقول، من جانب آخر، إن هناك ذكاءً حشويّاً، لا ينحصر بالجهاز الهضمي فقط (الذي له صلة بتذوق ومضغ الطعام)، بل يشمل كل أحشاء الجسم الحي، الذي يقوم كل عضو فيه برد فعل تلقائي، يظهر عند الإنسان من خلال أعراض وإشارات مرئية فيزيائية/ سيكولوجية.

والذكاء الحشوي (أو «العقل الزواحفي» كما يسميه بعض علماء الأحياء)، له قنواته الداخلية الخاصة لطاقة تجري في النخاع والأعصاب في الجذع، بين العصعص (أسفل الظهر) والمحاشم وخلايا قشرة الدماغ (في مؤخر الرأس). وله القدرة على الفعل/ رد الفعل المباشر، بحدسه الدقيق والحيوي.

ويمكن القول، من جانب آخر، إن هناك ذكاءً حشويّاً مرتبطاً بالقلب، كما نجد ذلك عند المتصوفة: لهذا نجد أن بعض معلمي الصوفية يولون

اهتماماً كبيراً لمعارف القلب (ليس كجهاز عضوي ولا مكان للحواس العاطفية)، كما يؤكدن أن العقل هو سطح القلب وعمق القلب هو الفؤاد، وكلما انجلى سطح القلب من الشوئب؛ كان العقل أكثر صفاءً ورهافةً.

وهكذا يمكن أن نربط الانتباه والجاهزية ورد الفعل بـ»الجاذبية الحشوية» موقع ملكة الحواس غير المرئية، التي تستجيب لملكات مرئية للإدراك الحسي: اللمس والشم والتذوق، المتصلة بواقع العالم السفلي.

إن تحفيز هذه الملكات الحسية اللا مرئية وربطها بواقع الإدراك الحسي الكلي، يتيح لنا توسيع إمكانيات ملكات حواسنا المرئية، وانفتاحنا نحو أأعضائنا الداخلية، التي تنصهر فيها الأجساد الشفافة اللطيفة والكثيفة. إن تفعيل قوانا الأولية ودمجها مع عالم الإحساس العلوي، يؤدي إلى خلق نوع من التفاعل بين إدراكنا الحسي (الجسدي) واستيعابنا الذهني (الرأس) وتفاعلية الأحشاء (القلب).

نرى إذن، من وجهة نظر المسرح الوسيط، أن يعمل الممثل على تنمية طاقاته الذاتية، لكي يفتح قنوات متعددة من طاقات جسده الحي. ويشكل ذلك أحد المهمات الأساسية أثناء إعداد الممثل لنفسه فنيّاً، أو أثناء مواجهته عمله الإبداعي، لينجز فعله بشكل واعٍ، وفي نفس الوقت، يجعل طاقاته الحيوية تجري في قنوات إدراكه الحسي الفوقية والتحتية.

وتظهر عملية تحفيز ملكة حواسه غير المرئية (الانتباه وجاهزية رد

الفعل والتركيز والتخيل)، من خلال العمل على بناء الفعل الجسدي، بشكل دقيق وبصورة مرئية ومحسوسة ضمن الظرف المسرحي. وبما أن الفعل المنجز للكائن/ الإنسان/ الممثل يشتمل على جانب فيزيقي/ سيكولوجي، وينخرط فيه حضور الجسد العضوي الحي بكليته، يمكن أن نقول إن «تفكير الممثل يظهر في الفعل المنجز»، من خلال تشكل صور الأجساد اللطيفة، ويعني ذلك أن إدراكنا الواعي لا يقتصر فقط على وجوده في رأسنا (موقع البصر والسمع)، بل في كامل وجود جسدنا، وعوالمنا الداخلية والخارجية و«هياكل الأجساد اللطيفة» التي تسكن فيها.

وما يجري في فعل الكائن/ الإنسان/ الممثل يشتمل على صور شفافة (لرد الفعل والخيال والتركيز والانتباه، والانجذاب الحشوي)، ولا يمكن من دونه مواجهة العملية الإبداعية، ويمكن القول إن صور الفعل تظهر للبصر والسمع، على نحو ما، ونتعرف عليها ونحاول فك شفرتها، لكن من دون تفعيل ملكة الحواس غير المرئية، يبقى عمق الصورة المخفي بعيد المنال.

لقد تحدثنا لحد الآن عن ملكة أربع «حواس لا مرئية» فقط: التركيز والخيال والانتباه ورد فعل الجاهزية. ماهي الملكة الحسية اللا مرئية الخامسة؟

إن كافة الحواس توقظ فينا إمكانية الذهاب نحو «الذاكرة»، التي نسكنها والتي تسكن فينا. ولا نعني بذلك عملية التذكر الذهني، لتذكر تجربة (rapresntation) فقط، لأن فعل التذكر ينحصر في مجال

تجسيد نوع من التمثيل، محدد من واقع له معطياته التي يمكن التعرف عليها، بينما تشتمل «الذاكرة» على ذكريات من تجربة الحياة، وينطوي فيها حضور كينونتنا بمختلف أبعادها (حتى في رحم الأم)، فهي تشكل النبع الذي ينبثق منه تيار طاقات مرئية وغير مرئية، تسري في كينونتنا في الوجود، تسكن فينا ونسكن فيها.

إن «الذاكرة» هي نبع الأصل، هي نوع من النسيج لكل تجربتنا الحياتية المعيشة في حضور الجسد (الذي يحتوي على الملكات الحسية المرئية واللا مرئية) المنفتح نحو سيرورة وسريرة حياة الفرد، فهي لا تتموضع في الرأس ولا في عضو محدد من الجسد، وليس لها ملكة إدراك حسي محددة ضمن ملكاتنا، بل هي مسار وسريرة تشبه جريان مياه النبع في النهر، أو تشبه بما يسمى «السلسلة الروحانية» (كما تسمى في الطرق الصوفية)، التي تكون في جانب منها؛ مرئية، وفي جانب منها؛ غير مرئية، والتي نستمد منها «همّتنا» ومددنا الروحاني، ولا ينحصر ذلك في إرادتنا الفردية وتفكيرنا فقط، بل يشمل رغباتنا وتصورنا الفعّال، وحيويتنا وإدراكنا الحسي واستيعابنا المباشر في لحظة انخراطنا الكامل في الفعل المنجز.

لا يوجد انفصال في «الذاكرة» بين ما هو ذاتي، وما هو موضوعي، وما هو غائب وما هو حاضر، فهي تسري في تلافيف وشرائح كينونتنا، وتتموضع في عمق ضميرنا، الذي يتجاوز حدود ذكرياتنا الشخصية وثقافتنا الشخصية.

وتقوم «الذاكرة» في هذا المنحى، بإيقاظ جرأتنا وكرامتنا وحنيننا لحلاوة ريح رقيق، يثير فينا الشفقة الإنسانية والدهاء الحيواني، وتحفزنا على العمل من أجل الإبداع وخلق الجمال الفني.

إذن، هل تشكل «الذاكرة» النبع الذي تتدفق منه طاقاتنا وكينونتنا في الحياة؟ أم هي «التراث» الذي ننتمي إليه؟

ويظهر بوضوح الفرق بين الذاكرة والتذكر الشخصي، كما قلنا، وتشير مفردة التذكر، في عمل الممثل، إلى عملية الحفظ عن ظهر قلب، ليس لمعاني ومغزى كلمات نص منطوق فقط، بل حفظ إجراءات من الأفعال وردود الأفعال المنجزة، ونوع من المعايشة لكينونتنا في الظرف المسرحي.

ويحتاج الممثل إلى التذكر حتى في حالة تعلمه وحفظه لتمرين معين، فهو يقوم بالضرورة بتوجيه «تركيزه» و«انتباهه» نحو تفكيك مفردات التمرين، ومن ثم إعادة تركيبها، ويحاول أن يجعل الجسد/ الذهن يحفظ ويتذكر سلسلة من العناصر المتعلقة بصور الأفعال المنجزة، وعندما يريد أن يتذكر ويسترجع حيوية الصورة المنطبعة في الجسد/ الذهن، لا يتذكر الصورة فقط، بل يجتهد على إحياء كل تفاصيل ودقائق الفعل.

ويحدث ذلك أيضاً، عندما نريد حفظ وتذكر صورة لحن موسيقي أو أغنية تراثية مثلاً.. نحاول حفظ ذلك عندما نتذكر سماع الصوت حسيّاً، الذي يأخذ بالتدريج وضوح صورة مسموعة بكل تفاصيلها،

وتدرج نوعية الصوت وذبذبات صيغة لحنها، وبنية طبيعة إيقاعاتها، ولا يحدث ذلك من خلال خروج الصوت من الحنجرة فقط، بل ينبثق من المدارك الحسية وحيوية الجسد/ الحي.

وعندما تتم معايشة الفعل الإبداعي، من خلال تفعيل امتداد قدرات الملكات الحسية المرئية واللا مرئية، يمكن أن نتحدث عن نوع من حضور الممثل الذي تشرب بطبيعة شفافة الأجساد اللطيفة، وعن جسد حي، ذكي، ومشع، قادر على جذب أحاسيس واهتمام وانتباه المتفرج، من خلال إنجاز فعله بصورة مقنعة ومثيرة.

صوت وكلام الممثل

تحفيز صوت الممثل

كل كائن/ إنسان/ ممثل يمتلك صوتاً طبيعيّاً خاصّاً، يتميز به، وله علاقة بجسمه وطبيعته الفيزيائية البيولوجية، والبيئة التي يعيش فيها. يأخذ الصوت قوته الطاقوية من الواقع الفيزيائي، ويمتد من خلال عناصر مختلفة، تتفاعل فيما بينها بشكل متناسق (هارموني): الذبذبات الفيزيائية للصوت الذي يتميز به الفرد.. طابعه الصوتي (ضعف وقوة الرنين الصوتي).. لون بلاستيكية الصوت وارتباطه بالأحاسيس، ومستوى تلفظ الكلام الذهني، الذي يمكن فك شفراته الصوتية.

على الممثل المسرحي أن يهتم بمختلف إمكانياته الصوتية، وكيفية توظيف تقنيات الصوت وتنمية نوعية طاقاته الصوتية، التي تترك أثرها على التعبير، قبل أن يهتم بكيفية نطق هذه الجملة، أو تلك الكلمة من نصٍّ ما.

يمكن القول، إن ذبذبات الصوت المسموع، في كل الأحوال، مرتبطة بـ»عمود فقري صوتي« ليّن، يمتد في الجسد بشكل عمودي:

بين قمة الرأس والجبين والأنف والصدر والحجاب الحاجز ومنطقة فوق السرّة. وبمرور الصوت من هذه المناطق الفيزيائية يمكن أن يُسمع بعمق ارتباطه بطاقة الجسد.

لو تحدثنا عن الجانب التقني للصوت، على الممثل المسرحي، قبل كل شيء، أن يكون قادراً على دفع صوته نحو الخارج بقوة مناسبة، لكي يُسمَعَ بشكل تام، منطلقاً من تحفيز توتر مراكز الطاقات المختلفة المتجذرة في جسمه. يجب دفع الصوت من قوة طاقات الجسم، مهما كانت طريقته في العمل على تمرين وتنمية قدراته الصوتية الشخصية.

وتعتمد قوة صدور الصوت على عوامل عديدة: على الطاقة الفيزيائية للفرد، على عملية التنفس الصحيحة (من خلال توظيف منطقة الصدر والبطن وكمية الهواء) وتوظيف الجهاز الصوتي بشكل صحيح، وعدم خدش الحبال الصوتية، وطريقة فتح الفم.

على الممثل المسرحي أن يكون قادراً على تشخيص صوته الطبيعي الخاص به، ومن ثم يقوم بتوسيع قدراته الصوتية البلاستيكية الأخرى.

ويمكن أن ينطلق في تمارينه، من صوت نسميه «صوت أنبوبي»، من خلال استخدام حرف من الحروف اللينة، وفتح الفم باسترخاء، لكي ينطلق صوته الطبيعي في قنال ذلك الأنبوب، الذي يمتد من الحنجرة لحد البطن. ويمكنه أن يقوم من خلال ذلك بتلوين صوته بتموجات لحن معين، ويفضل أن يكون صوت لحن أغنية من تراثه.

ومن الواضح أن الممثل خلاف المغني الأوبرالي، الذي يعتمد على تصنيفات محددة لنوعية لصوت التي تسمى باصو أو تنوري أو سوبرانو.. إلخ. ويختلف أيضاً عن طريقة توظيف الخطيب لصوته، ولكنه يحتاج إلى تقنياته الخاصة، وإلى مهارات أخرى تخص طبيعة عمله: قوة الصوت، نوعية الصوت، ونماذج تنوع الطابع الصوتي ومستوى طبقاته المختلفة وإمكانية التحول من طابع صوتي إلى آخر، بنوع من البلاستيكة الصوتية، التي يتميز بها الفعل الدرامي.

لقد ذكرنا أهمية طريقة التنفس وكمية الهواء في صدور الصوت، لكن التنفس بحد ذاته هو فعل فطري وتلقائي، لذا ينبغي الحفاظ على طبيعته التلقائية أثناء الكلام أو أثناء الغناء. ولكن من الملاحظ أحياناً، أن بعض الممثلين في تربية وتنمية صوتهم يتنازع مع نفسه، في عملية إصدار الصوت لمدة أطول، حتى في حال نفاذ الهواء الكافي والمخزون في الصدر ومنطقة جوف البطن. ويؤدي ذلك إلى نوع من التوتر في الجسم، الذي يصل لحد تشنج وغلق الحنجرة. ينبغي تجنب مثل هذه اللعبة المضرة بعملية التنفس، وتوظيف الجهاز الصوتي. لا ينبغي اللعب بعملية التنفس الطبيعي إن لم تكن هناك معوقات فيزيولوجية (باثولوجية) ينبغي معالجتها. من المهم التركيز على التنفس الصحيح (خزن الهواء في الجوف الصدري والبطني)، من دون التوتر والتحدي للقدرات الفردية الكامنة فينا.

لا يمكن تنمية القدرات الصوتية، من خلال القلق وفرض التعنف.

عندما ننطق الكلام أو نغني لا ينبغي أن نشغل بالنا بالتنفس، إن لم يكن هناك عائق بيولوجي/ فسلجي في فعل التنفس الطبيعي. يستند التنفس على تجاويف في الجذع (خزن الهواء)، ويمكن جعلها مطواعة، من خلال التدريب على حركات متموجة، مثل حركات الأفعى، التي يشترك فيها الحوض والأعطاف والضلوع، لحدّ الكتف، أو حركة متموجة يشترك فيها الحوض والبطن والصدر (شبيه بحركات الرقص الشرقي العربي). أو يمكن أن نجعل هذه المناطق فاعلة ومشتركة، من خلال تحفيزها بشكل مصطنع، أي من خلال تحفيز التثاؤب الذي يؤدي إلى توسيع التجاويف في داخل الجذع، التي يستند عليها فعل التنفس.

وعلى الممثل في كل الأحوال، أن ينتبه ويلاحظ طريقة فتح الفم، وطريقة توظيف الفك السفلي (في حركته؛ لا نحو الأمام كثيراً، ولا نحو الخلف كثيراً)، لكي لا يضغط ذلك على الحنجرة ويخدش الحبال الصوتية.

وهناك عوامل عديدة تؤدي إلى إعاقة فتح الحنجرة، وتوظيف الصوت بشكل سليم: التوتر في عضلات الرقبة والكتف، وبروز الفك نحو الأمام بكثرة، ومحاولة إصدار الصوت المطول، مع نفاذ الهواء الكافي، عندما يشغل الشخص باله في إصدار الحكم على صوته المسموع، أو قلق التفكير بأحكام الآخرين.

وقد قمنا نحن في فرقتنا بتمارين الصوت من خلال عدم فتح الفم، من خلال استخدام صوت مكتوم، يتم التنويع في ارتفاعاته، وربطها

برفع وهبوط الذراعين بخفة، أو جعل الصوت يهتز بذبذباته من خلال الوقوف ورفع أحد القدمين ودفع الكعب بشكل اهتزازي، مع صدور الصوت بفم مغلوق أو بحرف ليّن بفم مفتوح، أو دفع الصوت نحو الأنف وقناع الوجه، أو نحو الجمجمة.

وقمنا بتمرين على إصدار الصوت في وضعية الاتكاء على الذراعين والركبتين، ودفع الهواء/ الصوت بقوة من منطقة تحت البطن والعصعص، وإصدار صوت بحركاته المتدفقة الإيقاعية، وكذلك التمرين على صوت يسمى «المنشوري»، أي الشبيه بصوت المنشار في قص الخشب في حركة ذهابه وإيابه، وذلك من خلال استخدام كلمة «حي»، ودفع قوة الصوت من أسفل الجذع، من أسفل البطن والعصعص، بحيث تصبح الكليتان مصدر دفع قوة الطاقة الصوتية بشكل إيقاعي. ويمكن القيام بذلك على طريقة المتصوفة (مثل الطريقة الجراحية) في تنغيم إيقاع مفردة «حي» في ذكرهم، من خلال حركة الصوت الصادر في الشهيق والزفير المتواصل في آن واحد، وملاحظة عدم خدش الحبال الصوتية.

وقد قمنا بالتدريب الصوتي على هذه الإمكانيات الممكنة، وقمنا كذلك بتركيب تمرين مفصل، في ربط الصوت بالإيقاع الموسيقي: من خلال توظيف ضربات الدم والتك في الإيقاع العربي، وتحويلها إلى صوت حروف «ها وهي» تخرج بليونتها من الحنجرة بشكل متواصل، أو تخرج بصوت إيقاع آخر «ها-هي-هو». من ثم الربط بين الصوتين

على صورة إيقاعية متناوبة، ثم أضفنا إليها صفقة يد بين الصوتين، وخطوة نحو الأمام.

ويشكل التمرين بهذه الشاكلة؛ الوقوف مع وضع اليدين على الفخذين، وثني الركبتين قليلاً، ثم صوت ها-هي-هو (مرتان). تصفيق وخطوة نحو الأمام، ثم ها-هي (مرتان)، وها-هي-هو. تصفيق وخطوة، ويستمر التمرين لمدة معينة، بشكل فردي أو في مقابلة شخص مع آخر، أو في دائرة جماعية، في حركة خطوات متتالية نحو الأمام والخلف.

ويمكن من جانب آخر، التمرين على أصوات الحيوانات الأليفة أو المتوحشة: مثل صوت القطة والكلب والديك والطاووس والبقرة والأسد والذئب والضبع.. إلخ. وينبغي التركيز على نوعية طابع الصوت، ومصدر قوة طاقته في المناطق المختلفة، في الجذع والرأس. يمكن توظيف نوعيات طابع الصوت في نطق جملة كلامية، أو مقطع أو حوار رومانسي أو في احتدام درامي، أو في ارتجال بين شخصين.

ويمكن التدريب على خلق جمل صوتية غير مفهومة بلغة مرتجلة، والتركيز على موسيقة لغة من لغات شعب ما (في أفريقيا أو مثل اللغة الصينية أو الألمانية.. إلخ) مع القيام بأفعال حركية أو إيماءات مصاحبة لها.

يمكن إذن، التدريب وتنمية القدرات الصوتية للممثل، من خلال تمارين مختلفة أخرى، ولكن ينبغي أن لا ننسى أن التمارين الصوتية

أثناء الإعداد البيداغوجي؛ شيءٌ، واستخدام تقنيات الصوت أثناء التمثيل والفعل الإبداعي؛ شيءٌ آخر، وله متطلبات أخرى.

حضور الكلام

إن الكلام هو إحدى تقنيات التفكير ويستخدم في المسرح اعتياديّاً، كعنصر له ارتباط مباشر بالفكر، ويؤثر كلام الممثل على سماع المتلقي ذهنيّاً وحسيّاً. ومن خلال الذهن (الذي يشكل جانباً من النفس)، يتم تحفز المشاعر عند المتلقي. لكن الكلام، كما هو معلوم، لا يكفي في التعبير عن الحالة المسرحية. والكلمة لها معانٍ مجردة، تشكل روحها، ولها مبنى يشكل جسمها المحسوس، الذي يمكن من خلاله أن تنكشف العديد من الجوانب الأخرى.

يمكن في كل الأحوال، التعبير من خلال الجملة التي تقال في المسرح، من خلال تفاعل عوامل عديدة، تدخل في تفسيرها وتجسيدها بشكل ملموس: مثل تقنيات الصوت التي يتم توظيفها، والتداعيات الذهنية المحفزة للصوت، واندفاعات وأحاسيس الممثل. ويحدد الصوت جوانب أخرى (غير سيمانطقية) من مغزى الكلمة التي تعبر فنيّاً.. ولا توجد طريقة واحدة للتعبير في جملة أو نص منطوق. لذا ينبغي العثور، في كل مرّة من جديد، على إمكانية أخرى في التعبير، حسب الظرف والحالة المسرحية، وتتجسد معاني ومغزى الكلام المنطوق من حيوية

ردود الفعل، ومن نوعية الصوت ونبراته، ومن قوته وضعفه وطبقاته، ومن ذبذبات وتموج حركاته التعبيرية.

والكلام له مكوناته، وله حيويته، وهناك طرق مختلفة في نطق الكلام في المشهد، تعتمد على الطبيعة الجسمانية للشخص، وعمره، وميوله ومميزاته الشخصية، وانتمائه لقوم معينين، وعلى تخيله وتداعياته الذهنية، وعلى إيقاع الزمن؛ ظرف الجملة المنطوقة. ويترك كل ذلك أثره على المقاصد والمغزى من القول المنطوق حسب الحالة والظرف في المشهد.

ويعني ذلك أن هناك جوانبَ تقنيةً وظيفيةً، وأخرى تعبيرية ذاتية. هناك مثلاً، لحظات صمت في الجملة، تشكل نوعاً من التوتر الذي يدلنا على مغزى معين، أو وقفة في نهاية الجملة المنطوقة، حسب منطق الخطاب، وهناك لحظة صمت غير محسوسة ينبغي فيها استنشاق الهواء، أو صمت الانتقال من حالة صوتية إلى أخرى، وتغير نبرة الصوت، أو منحى مغزى الكلام. ينبغي إذن، في بناء الخطاب المنطوق، أن يتم تنسيق الجوانب، التي تدخل في عمل الممثل على التعبير الصوتي وعلى فعل الكلام.

يمكن أن يكون الكلام المنطوق للممثل، على شكل حوار، أو مونولوج،، أو سرد لراوي، أو بصيغة أغنية. يمكن أن تكون كل صيغة من ذلك منفصلة، ولها خصوصيتها المتميزة. ويمكن أن يقول الممثل كلامه بصيغ مختلفة: كأنه هو الذي يتكلم، في موقع الشخص الأول، أو

في موقع الشخص الثالث، أو أن يغني كلامه، ويقوم بتوسيع إمكانيات طرقه وقنواته التعبيرية.

ويستخدم الممثل الكلام في المسرح، كوسيلة تسمح له بالتعبير عن المشاعر وعن الأفكار، ولكن ليس بالضرورة من أجل إبلاغ أفكار المؤلف. إن الكلام المنطوق له مبنى صوتي فيزيقي خارجي، وله معنى داخلي لدلالة فكرية ضمنية، ويتم التعبير عنه بطريقة مختلفة، ليس بالضرورة أن تستجيب فقط للمعنى الأدبي للنص. وهناك علاقة بين فصاحة الكلام وفصاحة فعل جسد الممثل، في حالة وظرف مشهدي. لا يستخدم كلام الممثل لتوضيح الأفكار، ولا يوظف كلام الأغنية من أجل إضفاء الجذب الحسي، بل ينبغي أن يكون فعلاً حقيقيّاً جسديّاً/ صوتيّاً، تظهر من خلاله أحاسيس وخيال وأفكار الممثل، في تجسيد دوره في الحالات الدرامية. ويمكن أن يندرج صوت الممثل في لحظات غير كلامية: الحشرجة والتنهد والصرخة والتأوه والهمس، لتدخل في الخطاب مثل صوت حركات نوطات تعبيرية، في مقطع موسيقي.

تعددية الصوت في المشهد

يمكن للممثل المسرحي أن يستخدم في عمله من دون شك، أصواتاً أخرى بجانب صوته، مثل أصوات الأشياء أو الآلات الموسيقية، أو أصوات تصدر بفعل جسمه.

ويمكن لأصوات الأشياء، أن تلعب دوراً مهمّاً في خلق وبناء مغزىً صوتيٍّ في المشهد، وتقوم بتوسيع الإمكانيات التعبيرية فيه. يمكن لصوت تدحرج أو سقوط حجرة على الأرض، أو ارتطام صحن معدني بطريقة ما، أو صوت نفض قطعة قماش كبيرة، أو صوت تساقط قطرات الماء في إناء، أو ضربة سياط، أو طقطقة ايقاع كعب حذاء؛ أن يدخل ضمن بناء البعد الصوتي التعبيري في المشهد، وأن يثير انتباه المتفرج. ويمكن أن يكون في فعل كل ذلك، تبرير ومغزى، يشترك مع مغزى الفعل الجسدي/ الصوتي للممثل.

ويمكن للممثل أن يستخدم صوت آلة موسيقية. ويتطلب في هذه الحالة، تعلم عزف نوطات ما، لكنه لا يستخدم الآلة كما يستخدمها الموسيقي، بل يدرج ذلك ضمن فعل مسرحي وحالة مسرحية. ويمكن

أن يكون فعل العزف حافزاً لفعل أو رد فعل مباشر، يقوم به الممثل، ويمنح لذلك مغزىً معيناً، يدخل ضمن نسيج وسياق البعد الصوتي التعبيري في المشهد.

إن كل الأشياء؛ وكل آلة موسيقية لها طبيعتها الصوتية، لها طاقة صوتية كامنة فيها، ويمكن أن تحيا بفعلها مع فعل الممثل، وتشترك مع صوته في بناء الصور الصوتية التعبيرية. يمكن للممثل، أن يستخدم كل الأصوات الممكنة الصادرة من خلال جسمه، مثل التصفيق، أو طقطقة الأصبعين، أو ضرب يده على جزء من جسمه (على جبينه أو صدره أو فخذه)، أو دبكه على الأرض أو طقطقة حذائه.. إلخ.

وهكذا يمكن لصوت الممثل أن ينبثق من جسده وخياله، وأن يتجسد بطريقة ما، في مشاركته مع أصوات أخرى من خارجه، من أجل بناء مقاطع لصور صوتية من خلال فعله المرئي والمسموع، لتعبر عن مقاصده، وتؤثر على أحاسيس وانتباه المتفرج.

عالم الأشياء

كل شيء له طبيعة مادته، وله شكله الخارجي، وله مميزات وخصوصية، تُظهر وجوده في العالم وفي الحياة.

تشكل الأشياء والحاجات في المسرح حضوراً مهمّاً وحيويّاً وضروريّاً، في بناء المشهد، ليس في بناء ميكانيكية تجهيزاته المشهدية فقط، بل في وجود علاقتها مع فعل الممثل، سواء في مرحلة تدريباته، أو أثناء أدائه لدور في المشهد.

لكن، ينبغي أن نميز بين وجود الأشياء في واقع الحياة اليومية المعتادة، والأشياء التي لها حضور ضروري وحيوي في تحفيز أفعال الممثل في المشهد المسرحي، وبين استخدامها كملحقات (أكسسوار) في ديكور المشهد؛ الذي يصبو إلى عكس الواقع اليومي، أو في سينوغرافية يتم تصميمها لتجسيد بيئة محددة.

إن الاشياء في المشهد المسرحي، شريكة الممثل، ولها حضور لطبيعتها التي يمكن أن تأخذ أشكالاً مختلفة، وتتحول إلى مصدر لبناء مغزى معين، فهي تؤثر على أحاسيس وخيال الممثل، وتجبره في

علاقاته معها، على القيام بفعل فني محدد، ويؤثر حضور صورتها كذلك، على أحاسيس المتفرج.

عندما يواجه الممثل طبيعة الأشياء وجهاً لوجه، كشريك لها، تحفزه وتدعوه للقيام بردود أفعال/ أفعال تستجيب لطبيعتها وشكلها وصوتها. فكل شيء يلمسه الممثل أو يسمع صوته، يترك أثره على أحاسيسه وخياله وانتباهه، من أجل خلق صور فنية فارعة.

عندما ننظر للأشياء كواقع حيوي في المشهد، نأخذ بنظر الاعتبار كل مميزاته الظاهرة والمخفية التي تنطبع في نفوسنا.

إن عمل الممثل مع الأشياء، من جانب آخر، يشبه بشكل ما، علاقة الأطفال مع الأشياء والحاجات أثناء لعبهم. وعندما يلعب الطفل مع الأشياء لا يراها كما هي فقط، بل يجعلها تنتحل أصواتاً وأدواراً، ويخلق الظرف من حولها ليستجيب لخياله. يتعامل معها في كونها شيئاً حيويّاً، ويمنحها صوراً مجازية وفنطازية: يلعب الطفل مع الأشياء ويراها ليس كما نراها ونستخدمها في الواقع اليومي، يبعد عنها وظائفها المعتادة، ويعيش معها من خلال استجابتها لحسه ولخياله غير المحدود.

لكن، ينبغي أن نقول إن حضور الأشياء في المشهد المسرحي، لا يقتصر على نوع من لعب الأطفال، بل يهدف إلى امكانية خلق الممثل لصور قادرة على أن تشكل مقاطع فنية، ولها مغزى ومقاصد معينة.

تدعو الأشياء الممثل للقيام بفعل ما، ويستجيب الممثل لدعوتها برد

فعل، ليكشف عن إمكانية تحولها من وظيفتها المعتادة، وتأخذ مغزى آخر مخفيّاً، في طبيعتها وفي خياله.

من الواضح أن الأشياء ليست لها ملكة الوعي، ولا ملكة الإدراك الحسي، ولا تصبو إلى مقاصد ذاتية، ولكن لها خصوصيتها وطبيعتها.. لها صورة وصوت، وتؤثر على إدراكنا الحسي، وتنطبع في نفوسنا وخيالنا. ويمكن أن تكون شريكاً نافعاً لنا، لو كان لنا استعداد في خلق علاقة حيوية معها. فهي يمكن أن تؤدي حركاتٍ ما، يمكن أن تتدحرج وتنطوي وتمتد وتتكور وتقفز وتصدر صوتاً، أو تبقى من دون حركة. ولها طبيعتها المستقلة عنا. لذا ينبغي على الممثل أن يعرف كيف يتوغل في عالمها، ويكتشف إمكانية إحياء طاقة الصور التي تكمن فيها.

لقد تعاملنا مع حضور الأشياء في مسيرة عملنا المسرحي، على اعتبارها شريكاً للممثل، سواء أثناء تدريباته، أو أثناء عملية تكوين مشاهد العرض، وجعلناها تلعب دورها الحيويّ في بناء مقاطع مسرحية.

إن كل شيء، صلدٍ أو ليّنٍ؛ ثقيلٍ أو خفيفٍ، يمكن أن يستجب لرد فعل/ فعل الممثل، لكي يتحول من شكل وظائفه المعتادة إلى القيام بشيء آخر وبصورة أخرى.

لو أخذنا مثلاً، خرقة قماش: يمكن استخدامها كخرقة لمسح الطاولة، ولكن يمكن أن تتحول إلى شكل رباط في العنق، أو تأخذ شكل هفهفة

فراشة، أو تصير عمامة رأس، أو حبلاً للشنق، أو قطعة قماش ترفرف كإشارة للوداع، أو إشارة استسلام في الحرب.. إلخ.

يمكن للشيء الصلد أيضاً، أن يأخذ وظائف وأشكالاً مختلفة عن استخداماته المعتادة.. مثلاً؛ صنج معدني ذهبي اللون: يمكن أن يستخدم للعزف بنقرات أصبع عليه، أو سقوط حجرة عليه، ويمكن أن يصبح درعاً، أو مرآة نرى فيها وجوهنا؛ وينعكس فيه شعاع ضوء ساطع، ويمكن أن يكون صحناً لتقديم الفواكه.. إلخ.

ويمكن لوشاح شفاف خفيف، أن يأخذ وظائف وأشكالاً مختلفة، مثلاً: أن يرفرف مثل أجنحة طير، أو يغطي شعر الرأس، أو يأخذ شكل حركات متتموجة، أو يلتف حول جسد الممثل، أو يشده على وجهه لتظهر قسماته.. إلخ.

من الواضح أن الأشياء قادرة على أخذ أشكال مجازية في حالة مسرحية، من خلال علاقتها بالممثل، ومن خلال طبيعتها اللينة أو الصلدة؛ الثقيلة أو الخفيفة، وصوتها المجلجل أو الخافت، وإمكانية تحولاتها.

إن التحري في عالم الأشياء والكشف عن أبعادها، لا يسمح للممثل أن يقوم بتوسيع إمكانيات اللعب في المسرح فقط؛ بل يساعده أيضاً على تحرير طاقاته معها، وتتيح له التحول من حالة مسرحية ملموسة إلى أخرى، والخروج من ذاته لخلق علاقة مع الواقع الموضوعي.

ويمكن للعلاقة بين الممثل والأشياء، أن تساعد على إمكانية توسيع حركاته وصوته وتغيرها، مثلاً؛ هناك بعض الأشياء القادرة على توسع

صدى صوت الممثل، أو جعله مكتوماً. مثلاً؛ لو قام الممثل بتوجيه صوته، نحو أنبوب معدني ستتغير نوعية وشدة صوته بشكل ملحوظ، أو يمكن خلق نوع من الصدى لصوته، إن وجهه نحو جوف جرّة فخارية. ويمكن أن يكتم صوته في حالة توجيهه نحو قطعة قماش قريبة من فمه.

عندما نتحدث عن تغير صوت الممثل في علاقته مع الأشياء، نعني توظيف ذلك في أفعال مقطع يتم تكوينه في حالة مسرحية.

ويمكن أن نعتبر القناع والآلة الموسيقية والتجهيزات الميكانيكية في المشهد، وحتى مصابيح الإضاءة؛ أشياء لها حضورها في مشاركتها مع فعل الممثل. وينبغي تبرير وجود الأشياء وتفعيل طبيعته في المشهد، وأن تقوم بدور فاعل لبناء مغزاه في العرض المسرحي (بغض النظر عن البعد الجمالي).

وتشكل الأزياء حضوراً من ضمن عالم الأشياء أيضاً، فهي قادرة على جعل الممثل يقوم ببعض الحركات أو الأفعال معها أثناء الأداء. يمكن لزي فضفاف أن يأخذ أشكالاً حركية في رقصة للممثل، ويمكن لزي مطرز بأجراس صغيرة، أن يتناغم مع حركات الممثل. ويمكن أن يدخل الحلي والقلادة ضمن الأشياء، وتلعب دوراً في الحالات المسرحية، من حيث صورتها ورنين صوتها، ومن حيث مغزاها في المقاطع، وتضيف مقاصد معينة أثناء أداء الممثل.

ويمكن للقناع أيضاً، أن يجسد جوانب من نماذج مميزات الشخص/ الممثل، أو جانباً من انفعالات مرسومة على وجهه، أو يغطي وجهه، مثل قناع شيطان شرير مموه بالذهب، أو يجسد ملامح حيوانية. يمكن أن يخلق الممثل مع القناع حواراً، ويمكن للقناع أن يُغير طريقة مشي الممثل وحركاته، أو يُغير صوته عندما يتكلم من داخله في حالة مسرحية.

ويمكن للآلة الموسيقية أن تشترك مع فعل الممثل، مثل عزف الطبل أو الدف أو الناي، مثلاً؛ يعزف مقاطع بالدف ويستخدمه كستار لإخفاء وجهه أو إظهاره، أو توجيه صوته نحو جوفه وخارجه، لتغيير صدى صوته، في مقطع ما. وهكذا يشترك الدف بصوته في العزف، وفي تفاعله مع أداء الممثل. يمكن لصوت الآلة الموسيقية أن يصبح نوعاً من «لايت موتيف» يصاحب فعل الممثل، لمقصد معين.

وقد قمنا في تجربتنا المسرحية، بتوظيف كل هذه الإمكانيات لحضور الأشياء. ويمكن أن نؤكد أن حضور الأشياء في المشهد، لا ينحصر على تحفيز أحاسيس وخيال الممثل فحسب، بل تقوم بجلب انتباه المتلقي أيضاً، بل يمكن كذلك أن تبقى في المشهد بعد انتباه الممثل من فعله معها، وبعد انتهاء العرض، لتكون شاهداً على ما حدث في مختلف الأحداث التي جرت في العرض، كما لو أن بقاء الأشياء في فضاء المشهد يحيلنا إلى أثر بقاء أفعال الممثل التي جرت، ليستعيدها المتفرج في خياله.

وقد تحدث معنا، فنان تشكيلي بعد انتهاء عرضنا إلى خليل في الغربة، أنه رأى في بقايا الأشياء في مكان العرض، أنها عبارة عن عرض إنشائي تشكيلي.

ونفهم من كل ذلك، أن حضور الأشياء في نظر توجه المسرح الوسيط، يشكل عنصراً مهمّاً في تطبيقات العمل المسرحي، فهي ليست عبارة عن «طبيعة جامدة»، ولا هي مجرد ملحقات (إكسسوارات) لتقوم بوظائف معتادة، كما هي في الحياة اليومية، ولا هي لغرض تزيين المشهد. لا ينحصر حضور الأشياء في المسرح في وجودها على طاولة، أو بجانب، أو في عمق المشهد بشكل سلبي، بل لها حضور فعلي، مع فعل الممثل، وتوجه تفكيره وإمكانيات خلقه لصور مسرحية. وهي تساعده على إزالة الهوة بين العالم الذاتي والواقع الموضوعي، وتفتح المجال للعمل على تصور عالم مجازي في لغة التعبير المسرحية، كما تتشكل في لغة الشعر. وهكذا يمكن أن يكون لحضور الأشياء، تفاعل وتوازٍ مع حضور أداء الممثل في المشهد.

وجهة نظر حول التمثيل

لقد تحدثنا في الصفحات السابقة عن معاني مفردة «التمثيل» في اللغة العربية، وذكرنا أهمية معنى المفردة، التي تشير إلى «تمثيل الطعام»، الذي يتم هضمه وامتصاصه ليتحول إلى طاقة حيوية لحركات جسم الإنسان. وقلنا إن هذا المعنى للمفردة هو الأقرب إلى رؤية توجه المسرح الوسيط.

يمكن أن نأخذ هذا المعنى بنظر الاعتبار في رؤيتنا في مجال فن الممثل والتمثيل، على اعتبار أن الممثل يتغذى من معارف ومواد وتقنيات وإجراءات، يقوم بهضمها في تجربته، لتتحول إلى طاقة ضرورية، لا يمكن الاستغناء عنها في عمله الفني. ويعني ذلك أن عملية «التمثيل» (امتصاص الغذاء وتحوله إلى طاقة) تسري بالضرورة، في طبيعة نمو إمكانيات الممثل الذاتية/ الفنية.

لكن، كيف يمكن تطبيق هذا المفهوم في عمل الممثل المسرحي؟

من الواضح أن الممثل يختار طريقاً ما في ظرفٍ ما، لكي يكتسب معارفه وتقنياته الفنية الأولية، ربما من خلال الدراسة في معهدٍ ما، أو

من خلال انتمائه لفرقة مسرحية ما للعمل فيها. لكن طريقة إعداد نفسه فنيّاً لا تنفصل عن معارفه الذاتية، ولا عن ثقافته والمحيط الذي ولد وترعرع وعاش فيه. ويشكل كل ذلك الغذاء الأساسي الذي يهضمه ويمتصه من خلال جسمه وتفكيره وسلوكه. والممثل، على اعتباره كائناً/إنساناً/ فناناً؛ يمتص كل ما يقوم بتجربته مع الآخرين في الحياة، وفي المحيط الفني الذي ينمو فيه فنيّاً. ويشكل تفاعل التجربة الحياتية مع تجربة إعداده الفني الأساس الذي يحدد نوعية ومستوى نموه الذاتي والفني، ويصب ذلك ويظهر في أفعاله التي ينجزها في ظرف حالة مسرحية معينة.

إن فن التمثيل، من جانب آخر، ليس حصيلة للمكاسب المعرفية والتقنية فقط، بل هو الطريق الذي يؤدي إلى اكتشاف إمكانيات معرفية وفنية جديدة أخرى، وليس -كذلك- القيام بسلوك يومي معتاد، ولا يقتصر بالضرورة، على تمثيل وتفسير شخصيات نص مسرحي، ولا تفسير وتجسيد أفكار الآخرين (المؤلف والمخرج)، كما يمكن أن نجد ذلك في نوع من المسرح التقليدي، وليس تمثيل كركتر الممثل الشخصي.

إن الطريق المعرفي في التمثيل، من وجهة نظر المسرح الوسيط، ينفي عملية تمثيل الممثل لكركتره الشخصي (أي قناعه الاجتماعي)، وينفي ضرورة تمثيل شخصية لنوع من «الأنا» (ببعدها السيكولوجي المزعوم) المستقلة والمرسومة على الورق، من خلال خيال الآخرين.

ولو نظرنا إلى حياة «الشخصية»، التي يخلق ويرسم أبعادها المؤلف في نصه المكتوب، ماذا يمكن أن نلاحظ؟

نرى من حيث المبدأ، نموذجاً إنسانيّاً يقوم بأفعال (متخيلة أو كما في الواقع) مع الآخرين، في نسيج ظرف من الأحداث المسرحية، تتشابك فيها علاقات إنسانية في سلسلة من المشاكل والعقد الدرامية والحلول المتخيلة، ويتم تكوينها أدبياً من نفس المادة التي تتكون منها رغباتنا وأحاسيسنا وأحلامنا وأفكارنا وحالتنا النفسية في الحياة.

فهل يمكن للممثل أن يقوم بتخيل وتكوين شخصية مماثلة، من خلال نسج أفعاله الملموسة؛ الجسدية والصوتية، من خلال رجوعه إلى تجربته الحياتية وذاكرته من أجل خلق علاقات إنسانية درامية؛ وتكوين ظرف مسرحي (مع الآخرين ومع المخرج)؟

لا نريد هنا إقصاء وجود المؤلف، ولا نقصد أن يصبح الممثل كاتباً مسرحيّاً، ينسج خياله وإبداعه على الورق، ولا يقوم بعمل وظيفة الأديب المستقلة عن عمله. بل نسأل: هل يمكن أن يعمل الكائن/ الإنسان/ الممثل، كفنان، بموجب إجراءات عملية قادرة على خلق ظرف مسرحي ملموس، ونسيج أحداث تتحرك فيه خلقات (شخصيات) من خلال توظيف أفعاله ومبادئه وأدواته الفنية؟

إن فن التمثيل هو طريق معرفة منفتح، نحو البحث والتحري في أبعاد الواقع المعيش، وفي تفعيل مراكز طاقات الكائن/ الإنسان/ الممثل (الجسدية-الانفعالية-الفكرية)، من خلال إنجاز أفعال حقيقية، يمكن أن يوظفها في خلق سلسلة من الصور المرئية والمسموعة، التي تتغذى من معارفه وتجربته الفردية في الحياة، ومن خياله الفعّال من أجل نسج

وتكوين مقاطع مسرحية، يتشكل منها ظرف حالات مسرحية، تتحرك فيها أشكال «خلقات» نماذج (تيب) لكينونات إنسانية (أو لا إنسانية) تقوم بفعلها (ليس كشخصيات وهمية أو متخيلة ومرسومة على الورق)، بل تتكون في سياق الظرف المسرحي. ويمكن أن تظهر من خلال مكونات وعناصر تلك الصور الفنية أحاسيس ومقاصد الممثل ومزاجه وميوله الطبيعي، وقدراته الفنية في المشهد بشكل ملموس. وسيشكل ذلك نوعاً من الظهور الفني، وليس التظاهر من أجل تجسيد وتفسير شخصية مفروضة عليه من الخارج.

ويعني ذلك، أن عمل الممثل لا يقتصر على تغذيته نفسه بالمعارف والثقافة (وامتصاصها وهضمها) فقط،، بل ينبغي أن يقوم بتوظيف تجربته الحياتية وأفعاله، وتقنياته ومبادئه الفنية وخياله، ويقوم من خلال إجراءاته الفنية ومهارات الشخصية؛ بمختلف مستوياتها، بتنظيم وترتيب وتنسيق وتركيب مواده وعناصر لغته التعبيرية، من أجل تكوين مقاطع، تتشكل فيها ومن خلالها؛ نماذج (تيب) تشخيصية، تقوم بفعلها وحركاتها وسلوكها في سياق ونسق حالات وظروف مسرحية معطاءة فعّالة، قادرة على جذب انتباه المتفرج، والتأثير على أحاسيسه وأفكاره وخياله.

ويمكن، من جانب آخر، ومن منطلق رؤيتنا المسرحية، أن نشبه المقاطع التي يقوم بتكوينها الممثل في عمله الفني بمقاطع مركبة لأغنية قديمة (من التراث) تشكلت من خلال تفاعل طاقات ومعارف فنية

فردية/ جماعية، في تراث فني أو طقوسي ما، من منطلق التركيب الفني العملي المؤثر (من منطلق نظرية التأثير) على المتلقي.

لنأخذ مثلاً من أغاني المقامات العراقية، فكل أغنية مقام، تتكون من سلسلة من المقاطع: مقطع تحرير (مقدمة) المقام وقطع وأوصال (تأتي من أصل المقام في الوسط) وميانات (نتف صيحات متميزة) في الذروة، للتنويع، ومن ثم يأتي ما يسمى التسلوم/ الخاتمة (من نفس المقام الأصلي، مثل الصبا أو الرست أو الحجاز أو جهاركا..).

ونرى أن كل مقام يعبر عن أحوال انفعالية لنموذج إنساني (تيب)؛ وطبيعة كركتر مثل الحزن المرير (الصبا) أو الفرح والابتهاج (العجم) أو ألم الفراق والبعاد (الحجاز). يتم تجسيده ضمنيّاً في بنيته الفنية، من مجمل الحركات والموتيفات الموسيقية ضمن هيكلية المقام نفسه.

ويصاحب ذلك توظيف كلام، من الشعر العربي أو من النثر، يتناسب والحالة التي تعبر عنها بنية المقام المنفرد، التي يؤديها كل مغنٍّ حسب معرفته بالمقام، وتجربته وقدراته وأحاسيسه ومهاراته الفنية.

لكن، ينبغي القول، إن كل مقام، حسب أنواعه، له بنيته، ويتشكل من طاقات فنية انتقلت من جيل إلى آخر، وذلك يختلف عن بنية المقطع التمثلي للممثل المسرحي، الذي يتم تشكيله: من خلال عمل الممثل (والمخرج والعاملين المشاركين في العرض)، وتوظيفه لمعارفه المكتسبة من تراثه، الذي ينتمي إليه (تراثه الإنساني والمسرحي)، ومن

تجربته الشخصية الحياتية، وميوله الطبيعية ومزاجه وخياله، ومن مهاراته التقنية (الداخلية والخارجية).

إن التشبيه والتقارب الذي قمنا بتشخيصه، بين تركيبات بنية غناء المقام العراقي، وبنية المقاطع التي يقوم بتوليفها الممثل، قد يبدو غريباً، لكنه يسمح لنا بتوضيح نوع من طريقة «التمثيل» (كما أشرنا إليه من وجهة نظر المسرح الوسيط)، ونوع من عمل الممثل، الذي يقوم بتوظيف أفعاله وردود أفعاله الجسدية/ الذهنية والصوتية، والكلام (في حوار مع الآخر: شيء أو شخص حاضر أمامه أو في خياله)، ومن خلال تفعيل استعداداته لتطبيق إجراءات من تراثه (الإنساني والفني)، من أجل تكوين مقاطع تندرج في بناء وتأليف دراماتورجية متأصلة، لخلق التأثير على المتفرج.

لكن يتطلب ذلك، بطبيعة الحال، نوعاً خاصّاً من الإعداد البيداغوجي للممثل، لتهيئة أرضية خصبة وملائمة، للقيام بمثل هذه المهمة المعقدة، التي تتيح له إمكانية خلق أدواره وتكوينها فنيّاً، من خلال استقائه لمواد ومعارف من ثقافته الجمعية (بسردياتها وفنونها وطقوسها وأدبياتها الفكرية وشعرها وغنائها وأقوالها الشعبية.. إلخ)، ومن تجربته الشخصية (الإنسانية) وتقنياته المسرحية، ليؤديها في ظرف عرض (بيرفورمانس)، يتم تكوينه حسب سياقات ومبادئ فنه المسرحي.

على الممثل في عمله (بمفرده أو مع المخرّج)، أن يمتلك القدرة؛ ليس فقط على بناء مقاطعه التي ينجزها، من خلال أفعاله وبتدرج توترها

وديناميكيتها، وتنوع إيقاعات حركاتها المتميزة الفنية؛ بل ـأيضاًـ على تركيب أفعاله وردود أفعاله، في عملية تفاعلية كيميائية، لخلق وبناء سلوك النماذج (تيب) ليؤديها، في كل مرّة من جديد، في ظرف عرض جديدن وبطريقة تعبيرية دقيقة وحيوية.

ونتحدث هنا بوضوح، عن نوع من المسرح غير التقليدي، الذي لا يصبو إلى عكس الواقع اليومي المعتاد، وعن نوع من «التمثيل»، الذي لا يقوم فيه الممثل بتفسير وتجسيد شخصيات رسمت وكتبت مسبقاً، بل يقوم ببناء نوع من التأليف (كومبوزشين) الدراماتورجي، كما نجده في عمل وتوجه العديد من مسارح المجاميع (للمسرح الثالث) المعاصرة (من ضمنها توجه المسرح الوسيط)، التي برز فيها بوضوح نوع من الإجراءات المسرحية المختلفة والمتميزة، سواء في مجال بيداغوجية إعداد الممثل وتنمية أرضية إمكانيته الفنية الفردية، أو العمل على تطوير إمكانيات الممثل الإبداعية الشخصية (مع المخرج ومع الآخرين)، من أجل تكوين عرض (بيرفورمانس) مسرحي (فردي/ جماعي) متميز ومختلف عن العروض التقليدية السائدة.

إيقاع التعبير

هناك فرق بين «الإيقاع الموسيقي»، الذي يشكل جزءاً من مفردات اللغة الموسيقية، وبين «إيقاع التعبير»، في العمل الفني، الذي يمكن أن يوجد ضمنياً في تكوين كل عمل فني؛ في اللوحة التشكيلية في فن الخط العربي.. في الفيلم السينمائي والرقص، وفي عمل الممثل وإخراج العرض المسرحي.

ولكي نستوعب ماذا يعني «إيقاع التعبير» في العمل الفني؛ وكيف يتم تحقيقه، ينبغي أن نأخذ بنظر الاعتبار بعض الجوانب المتعلقة بالإيقاع الموسيقي، الذي يمكن تحقيقه بالعزف على آلة النقر.

يكمن كل إيقاع موسيقي، قبل كل شيء، في وجود كمية من صوت ضربات النقر القوية المتناوبة مع الضربات الضعيفة، والمقسمة إلى عدد من الضربات؛ الوحدات المماثلة وغير المماثلة (الزوجية أو الفردية)، حسب ترتيب بنية ديناميكية داخلية من الضربات والصمت (محسوس أو يكاد يكون غير محسوس)، أو وقفات قفلة. وذلك هو ما يمنح الإيقاع نبضات جريانه.

إن الديناميكية الداخلية للإيقاع، تستند بالدرجة الأولى، على تناوب وحدات صغيرة، كما هي في إيقاع الموسيقى العربية؛ وتتكون من ضربة (أو ضربات قوية) «دم»، تنطلق من الصمت، وتتحقق بحركة ضربة اليد، وضربة (أو ضربات ضعيفة) «تاك» يتخللها في توالي الضربات؛ صمت محسوب. وهذه الوحدة الصغيرة تشكل الخلية الأساسية في كل إيقاع يتم عزفه، البسيط منه أو المركب.

يمكن عزف الإيقاع على كل آلة نقر مألوفة، ويتم ذلك بموجب عدد النقرات ونوعيتها القوية والضعيفة وزمنها السريع أو البطيء، بناء على أساس ترتيب بنية محددة.

ويعني ذلك، أنه من الممكن أن نميز بين طبيعة عنصرين في الموسيقي بوضوح: الإيقاع (رذم) والزمن (تيمبو).

يمكن أن يظهر هذا الفرق بشكل واضح، في عزف إيقاع من الإيقاعات العربية، أو الهندية(tempo - Ritmo) ، أو الإفريقية، حيث نجد هناك بنية محددة لكل إيقاع على انفراد، ضمن أصول عزف الإيقاعات، وتكون منفصلة عن طبيعة وأصول اللحن الموسيقي: مثل فصل الإيقاعات العربية عن المقام اللحني، أو الفصل بين راكا وتالا في الموسيقي الهندية. ويمكن التناوب بينهما أو مزجهما بطريقة ما؛ في تأليف قطعة موسيقية.

ولكن يصعب غالباً، تشخيص هذا النوع من الفصل بين الإيقاع والزمن في الموسيقى الكلاسيكية (السمفونية) الغربية، حيث يتشكل

الإيقاع في تفاعله مع الزمن ضمنيّاً في التكوين (كومبوزشين)، ويندرج في بنية اللحن، حسب سرعة زمن حركات وطابع الأصوات الموسيقية للآلات (الوترية والنفخية والنقرية)، وتناغمها وتفاعلها وارتفاعاتها وانخفاضها (كريشنت ودي كريشنت) في اللحن (ميلودي) وتوزيعها ضمن تفاعل حركات الزمن الموسيقي، في بنية مركبة، يتشكل من خلالها تكوين ديناميكية تناسق (هارموني) الأصوات في القطعة الموسيقية السمفونية، ويتم ضمنيّاً تنظيم وتركيب ديناميكية الإيقاع الداخلي.

وقد تبين في عملنا مع بعض الراقصين والممثلين الشباب، في ورك شوب، قمنا بإدارته حول الحركة والإيقاع، في بعض الدول الأوروبية؛ ضرورة توضيح استيعاب الفصل بين الزمن والإيقاع، في تكوين المقطع الموسيقي.

من الصحيح أنه لا يمكن فصل الإيقاع عن الزمن، لأن في كل إيقاع زمناً يجري بسرعة محددة ما (بطيئة أو سريعة أو معتدلة)، يدوم فيها الإيقاع، في تناوب ضربات النقر، ولكن من الصحيح كذلك، أن ليس كل حركة تجري في الزمن لها إيقاع، فالحركة التي تجري زمنيّاً من دون أي تغير أو تنويع، تكون خالية من الإيقاع.

إذن كيف يمكن، من جانب آخر، أن نتعامل مع الإيقاع في عملنا مع حركات الممثل، وفي تكوين مقاطعه، أو مع حركات الراقص عندما نريد تكوين مقطع كوريوغرافي درامي؟

عندما يعمل الممثل على مقطع مسرحي، لا توجد لديه نوطات موسيقية أو بنية إيقاع محدد مسبق، يستند عليه في تكوين مقاطعه الإبداعية؛ ينبغي أن يبحث عن الإيقاع من خلال إيقاع الحركة في كل مرة من جديد، لكنه ينطلق في ذلك من حساب وحدة الإيقاع الموسيقي.

ولكي يقوم بخلق بنية إيقاع حركاته، عليه أن يقوم بتشخيص سلسلة من الحركات الدقيقة. ويشخص بداية ونهاية الحركات وتحديد مسارها وشكلها. ويمكن أن تكون الحركة صغيرة، مثل فتح وغلق كف اليد، بشكل سريع أو بطيء، بتوتر معين لعضلات اليد أو بليونتها، أو التركيز على نشر الأصابع أو من دونها، وربطها بحركات أخرى، للكتف مثلاً، أو الرأس بشكل ما. ينبغي أن تشترك حركة أكثر من جزء أو عضو جسدي، لكي يتم خلق إيقاع ندركه ويدركه المشاهد حسيّاً.

ويظهر الإيقاع بوضوح عند مشي الممثل، عندما يقوم بخطوات ما، بطريقة معينة، وتجري كل خطوة في رفع (وثبة) قدم/ صمت في مرورها/ ثم نزولها، والانتقال إلى خطوة أخرى في زمن معين وقوة توتر معينة، لكن إيقاع المشي لا يظهر من خلال عدد وسرعة الخطوات المتواصلة فقط، بل يستند أيضاً على نوعية قوة الخطوة والمسافة بينها وبين كيفية الانتقال من خطوة إلى أخرى، وطريقة توظيف القدم والساق، (والعلاقة بينهما). ومن خلال تنسيق وتبرير طريقة المشي، يمكن أن نحصل على مشي الممثل بما يليق بفنه، وليس بشكل اعتباطي أو كما هو معتاد عليه. ويمكن أن تظهر نبضات طريقة المشي «ذبّة»

صيغة مشية محددة، حسب ترتيب إيقاع عدد من الخطوات المبنية، للتعبير عن مقصدٍ ما.

إن العمل على تشخيص إيقاع خطوات الممثل أو الراقص، أثناء مشيه وانتقاله في حيز المشهد حتى في حالة عدم مصاحبة إيقاع موسيقي لها، هو أسهل من تشخيص إيقاع حركاته الجسمانية، في حالة عدم انتقاله من مكانه.

إن كل وضعية جسدية في حالة عدم انتقال الجسم من مكانه، يمكن أن تتميز بديناميكية وإيقاع ضمني خاص بها، يتجسد في تفاعل عوامل مختلفة: مثل توتر العضلات، وديناميكية تضاد القوى الضمنية فيها، والعلاقات غير المتناظرة بين مختلف أجزاء الجسم والجذع، وفي توجيه النظرات وتوتر إيماءات الوجه.. تتجسد من خلال ذلك صورة ملامح نحتية، يكمن فيها نوع من حبس الطاقة في ثنايا الحركات المتوقفة والمنضوية في ترتيب معين. ولا يعني ذلك غياب الحركة، بل حبس طاقة الحركة في توتر مختلف أجزاء الجسم، وفي العلاقات الحيوية، التي ترتسم على ملامح وضعية الجسد البلاستيكية والمعبرة. ويتم تشكل مقاطع الرقص الفني، في الواقع، من خلال ربط (منتجة) بعض الوضعيات النحتية ببعض، حسب معايير ومبادئ فنية، وتشكيل ديناميكة الحركة الرابطة بينها في الفضاء. ويمكن تطبيق ذلك أيضاً، في المقاطع التي يتم تكوينها في عمل الممثل.

ويمكن خلق الإيقاع في تكوين تخطيط حركة مركبة بطريقة ما،

مثلَ أن نقوم برفع الذراع اليمنى، بسرعة وقوة نحو الأمام، ونتوقف (باوزة)، ثم نغلق قبضة اليد ببطء، ثم نوجه قبضتنا بسرعة معتدلة، نحو الصدر ونلمسه بالسبابة، ومن ثم نجعل الذراع تنزل مشلولة وتتدلى مثل رقّاص الساعة، ونقوم بتحريك الذراع اليسرى بقوة وسرعة لمسك اليمنى وإيقاف حركتها، ثم السقوط بكل الجسم بطريقة ما، مثل الجثة الهامدة على الأرض. بهذه الطريقة يمكن خلق إيقاع من دون الانتقال في الفضاء المحيط بنا.

وهكذا يظهر في الحركة المركبة المتواصلة، حتى في حالة عدم الانتقال من مكان إلى آخر؛ تفاعل عوامل عديدة ومختلفة: سرعة الحركة، وتوقفها، وتوتر العضلات، والمدة الزمنية لكل وقفة أو حركة، والتنويع في اتجاهات الحركة، وحجم الجزء الذي يتحرك، وفي سعة وشكل الحركة، من دون الفصل بين الزمن/ الفضاء في إنجاز الحركات الموضعية.

وهكذا نرى أن عملية بناء الإيقاع، تحتاج ليس لحركة واحدة، بل إلى سلسلة من الحركات البسيطة والمركبة، وإلى دينامكية داخلية، في قوة توتر كل عضو من الجسم والانتقال من حركة إلى أخرى، وطريقة الربط بينها، ويجري كل ذلك على أساس ديناميكية الوحدة الصغيرة لـ«الإيقاع الموسيقي» (كما أشرنا إليها في السابق).

إذن، يمكن القول إن تكوين «الإيقاع التعبيري» لمقطع من الوضعيات الجسدية النحتية والحركات الفنية في عمل الممثل/ الراقص؛ يعتمد في

كل الأحوال، على إمكانية تفاعل عوامل عديدة، تتناسق في خلق علاقة بين الزمن/ الإيقاع، والزمن/ الفضاء. ويعتمد ذلك أيضاً، على إدراكنا الحسي الشخصي بالحركة، الذي يندرج في اختراق تراتيب نظام الدقة والتقنية. وذلك هو ما يتيح للممثل بلوغ مستوى نوع من «التقنية الشخصية» في عمله وتعامله مع وحدات (الخلية) الموسيقية، أثناء القيام بفعله وتحسسه لتوترات وتنوعات أفعاله وحركاته في الزمن-الإيقاع-الفضاء مباشرة، ومعايشته لذلك داخل المقطع الذي يقوم بخلقه.

ويمكن للمشاهد أن يدرك بحسه «الإيقاع التعبيري» فيما يقوم به الممثل، ويحس بحركات وأفعال الممثل وهي تجري بخفة فنية ممتعة وبشكل معبر، أو يحس بها تجري بتثاقل ممل، بغض النظر عن كمية المدة الزمنية التي تستغرقها. ويحدث ذلك بسبب نجاح أو إخفاق الممثل في كيفية توظيفه لمراكز طاقاته الكامنة فيه، وتطبيق مبادئ فنه ومهارته في بناء «الإيقاع التعبيري» الفني، في تكوين مقاطعه في ظرف مسرحي.

يمكن من جانب آخر، أن يواجه الممثل ضرورة توظيف أغنية ما، في مقطع مسرحي ما، مثل أغنية طقسية أو شعبية قديمة أو ترنيمة، من دون أن تصاحبها آلة موسيقية: كيف يمكن، في هذه الحالة أن يدرك حسيّاً «الإيقاع التعبيري» الكامن في بنية الأغنية؟ سواء أثناء تعلمها أو أدائها بشكل صحيح؟

ينبغي اعتبار جملة من العوامل، وليس التركيز على الكلمات

ونغمات اللحن فقط. إن كل أغنية قديمة لها بنيتها اللحنية المثبتة، انتقلت من جيل إلى جيل بكل مقوماتها ومفرداتها الفنية: لها تسلسل مقاطع (كوبليه)، فيها بداية ونهاية، فيها قرارات وجواب، صعود وهبوط وتنويع في ارتفاعات طبقات الصوت، أو فيها صيحات ولعلعة صوتية (نغمية ممتدة أو تتم بتكسير الصوت). وهناك كلمات شعرية أو نثرية، لها معنى أو مغزى مبطن مزدوج، يظهر من خلال صوت المؤدي، في امتداد طويل أو قصير في المساحة الصوتية، وفي تموج واهتزاز الحركة الصوتية.

ولا يقتصر التنويع في الصوت، على الحركات الموسيقية الظاهرة، بل يتطلب توظيف نوعية من الطاقة الصوتية، التي يصدر البعض منها من منطقة الصدر أو من البطن، أو من الأنف أو قمة الرأس. ويشكل ذلك ارتكازاً فيزيقياً، تنطلق منه قوة وديناميكية انشداد الصوت ونوعيته، في بنية الأغنية، وتجعلها تجري بدقة في قنواتها المحكمة وتنقلاتها المطلوبة، حسب تحسس ومهارات من يؤديها.

كل ذلك يشكل نبض ديناميكية «الإيقاع التعبيري» الفني للأغنية التي انصبت فيها طاقات أجيال.. ينبغي إذن، ليس معرفة وحفظ الكلمات واللحن الخارجي فقط، بل حفظ وتحقيق وتكرار مستديم لديناميكية ونوعية الطاقة الصوتية، التي تشكل محتوى ومميزات نموذج (كركتر) بنية الأغنية التراثية، والتي ينبغي أن تقوم بتحفيز طاقات المؤدي، لتجنب الوقوع في حصر أبعاد طاقاتها، وجعلها تتهاوى في شكل تكرار ميكانيكي.

كذلك هو الحال في بناء وتكوين المقاطع الفنية في عمل الممثل (وفي تكوين العرض المسرحي (بيرفورمانس)، الذي يتطلب تشكيل وتركيب وتنسيق ومنتجة الطاقات المتعددة والمختلفة، وعلى مستويات عديدة مرئية ومخفية، انطلاقاً من أفعال ملموسة وحالات مسرحية أولية، لحد صياغة طاقات الأجساد اللطيفة لنماذج تنبثق وتتحرك في نسيج وحبكة، وعُقد توترات درامية، في مختلف أوجه الأحداث الضمنية في بناء المقاطع الفنية للممثل.

ويتم تكوين «الإيقاع التعبيري» الفني، في عمل الممثل داخل هيكلية المقطع المنفرد، ليتفاعل ويتناغم في ربطه الجدلي، بالتدريج، مع عمل مجموعة من الفنانين على مختلف المستويات الفنية، لخلق نسيج لكل ما يجري من حالات وأحداث، ويقوم المُخرج بتنسيق وحبك الخيوط البصرية والسمعية منها في الظرف المعطى، من أجل تكوين مونتاج العرض.

وهكذا يتشكل «الإيقاع التعبيري» الفني، في تكوين العرض المسرحي، من حيوية طاقات كل الفاعلين فيه، ويتغذى من طاقات كل فرد وكل شيء يشترك في خلق سياقات نسق العرض، أي يتشكل من معطيات أثر كل فرد يقوم بفعله (المرئي أو المخفي) في ثنايا التكوين. وذلك هو ما يجعل «إيقاع التعبير» الفني، لعرض مسرحي، يختلف عن عرض آخر.

وهكذا نرى، من كل ما قمنا بتوضيحه، الاختلاف بين تعبير «الإيقاع الموسيقي» للعزف على آلة النقر و«الإيقاع التعبيري»، الذي يتجسد في

كل عمل فني، وفي كل أجناس الفن، مهما كان اختلاف أساليبها وطبيعة تكوينها، بناء على معطيات اللغة الفنية (حسب التخصص)، ومبادئها وعناصرها وإمكانيتها في تكوين العمل الفني.

إن «الإيقاع التعبيري» في العرض المسرحي يتغذى من الخلايا النابضة للأفعال والحركات والمقاطع وتمفصلها، ويشكل العمود الفقري، الذي يستند عليه التكوين الفني بشكل عضوي وحيوي.

عروض وشواهد

أشرنا في الصفحات السابقة، إلى بعض الشواهد عن عمل عروض مجموعة مسرح الأركان ما بين سنة 1984 وتسعينيات القرن الماضي، من خلال كتابات بعض الصحفيين، وأقوال بعض المتفرجين. سنقوم في الصفحات المقبلة بتوسيع منظور أفق الشواهد.

سندرج فيها لقطات صور فوتوغرافية، مأخوذة من خمسة عروض، قمنا بإخراجها وتقديمها بين 1984 وسنة 1996.

وسأطرح بعض الأفكار حول المواضيع والصيغ الفنية، التي تم التعامل معها في تكوين عروضنا، حسب رؤيتنا وتفكيرنا، في فقرات توضيحية.

وسندرج نص مقال مهم، كتبه البروفسور الناقد المصري صبري حافظ، الذي تميز في استيعابه جوانب فنية من عرض مسرحية البرزخ نور الشرق، وربطها بجوانب من بدايات توجه تجربتنا في المسرح الوسيط.

وسندرج في معرض تحليلاتنا كذلك، مقاطع من نص قصير بعنوان: إلى خليل في الغربة، تم نشره باللغة العربية والإيطالية (وترجم إلى اللغة الكردية والألمانية والإسبانية).

صور من مسرحية (حكاية المتزهد)؛ إعداد واخراج: قاسم بياتلي..
أول عرض ـ فلورنسة 1984. آخر إعادة عرض 2021.

صور من مسرحية (حكاية المتزهد)؛ إعداد واخراج: قاسم بياتلي..
أول عرض ـ فلورنسة 1984. آخر إعادة عرض 2021.

قاسم بياتلي في مسرحية (حكاية المتزهد)، قدمت لأول مرة في مسرح فراتلامنتو، سنة 1984، في فلورنسة.

لقطة من مسرحية (رسالة حي ابن يقظان)، إعداد وإخراج: قاسم بياتلي،
عرضت في حديقة بوسكيتو في فلورنسة 1986.

بير لويجي سولداتي، في مسرحية (حي ابن يقظان) 1986.

روبيرتا بون جيني في مسرحية (البرزخ نور الشرق)،
دراماتورجية وإخراج: قاسم بياتلي، فلورنسة 1988.

159

روبيرتا بونجيني مع قاسم بياتلي في مسرحية (نحو قرص الشمس المجنح)،
فلورنسة 1990.

مسرحية إلى خليلي في الغربة، تأليف وتمثيل وإخراج: قاسم بياتلي،
عرضت لأول مرّة في فلورنسة سنة 1991.

قاسم بياتلي في مسرحية (إلى خليلي في الغربة)،
آخر تقديم للعرض في ريو دي جانيرو 2006.

162

روبيرتا بونجيني في مسرحية (جزة الخروف الذهبية)، فلورنسة 1990،
دراماتورجية وإخراج: قاسم بياتلي.

163

روبيرتو بونجيني، في (جزة الخروف الذهبية). تشكيل تعبير قناع وجه الممثل.

روبيرتا بونجيني. فعل الممثّل في المشهد مع قناع مصنوع،
في مسرحية (جزة الخروف الذهبية)، فلورنسة 1990.

قاسم بياتلي في مسرحية (جزة الخروف الذهبية).

روبيرتا بونجيني في فعل مع أشياء المشهد، في مسرحية (رقصات الأركان)، فلورنسة 1996.

قاسم بياتلي مع قناع الملك (تم صنعه من تركيب مصفي الطبخ مع قلادة أفريقية من العاج) في مسرحية (رقصات الأركان)، فلورنسة 1996.

روبيرتا بونجيني.. فعل الممثلة مع حزام مطرز، تحول إلى تشكيل قناع مع جدائل.

فعل سرد الحكاية في المسرح

يمكن في العمل الفني، أن تصبح بعض الأفكار الفلسفية المجردة، شكلاً فنيّاً بسيطاً ودقيقاً: مثلاً، مفهوم الوحدة والكثرة، الذي شكل محور بناء نسيج دراماتورجية عرضنا المسرحي الأول «حكاية المتزهد» (1984)، الذي استقينا مواده من حكايات قصيرة حول الطيور والحيوانات، في حكايات ألف ليلة وليلة.

تم بناء دراماتورجية العرضن على أساس مشروع موضوع درامي، تكون من خيوط عديدة: خيط سرد حكاية، وخيط لتكوين بيئة وأجواء العرض (الذي شمل مكان الحدث والأشياء المشهدية، ومكان المتفرجين، من دون انفصال)، وخيط ثالث تداخلت فيه رقصة وغناء شعر الحلاج، وغزف على الدف. وتم تنسيق كل خيوط العناصر في نسيج حبكة موضوع العرض: مفهوم وحدة وكثرة كينونة الإنسان، الذي انبثق ونما من أفعال وعمل الممثل المؤدي (بيرفومير)، وتجسد في صور ومقاطع العرض (بيرفورمانس).

لكن ظهر العرض (بيرفورمانس) للمتفرجين على صورة سرد،

بعيدة عن صورة السرد المألوف للحكواتي في التراث العربي. وبدا في نظر بعض النقّاد، عبارة عن انصهار لمفردات «دنيوية»، وأخرى طقوسية روحانية، أخذت من التراث العربي-الإسلامي، ويصبو بشكل دقيق نحو الفنطازيا في بناء مستويات العرض المسرحي.

وقد ظهر ذلك للمتفرجين، لأن دراماتورجية العرض، تشكلت في المشروع من عناصر مركبة واضحة: من سرد الحكاية وبروز تكوين فعل الممثل البدني وتنوعه في الطبوع الصوتية، وفي خلق الأجواء العامة، وترتيب مكان جلوس المتفرجين، ليكون حضورهم فاعلاً في آنية الحدث وحميماً في التلقي: يستقبل الممثل المتفرج ليجلس على فراش (بساط ومخدات) زاهية الألوان. يشم رائحة الورد من البخور، ويرى الشموع المتوقدة. يقدم له قطعاً لنوع من الحلوى (لُقم). ويظهر الممثل بملابسه اليومية. يخفت النور ويخلع الممثل ثوبه، ويرتدي بتأنٍّ زي صوفي مولوي، أمام نظر المتفرج مع سماع صوت الناي المسجل. ظلام وصمت ثم نور فانوس يوقده الممثل في زاوية من عمق مكان الحدث. يلقي الممثل/ المتزهد مقطعاً شعريّاً من قصيدة لجلال الدين الرومي يناجي فيه ربه تعالى، في حيرته أمام الوجود، ومشكل التنازع بين الأنا والأنت.

ثم يخرج المتزهد من زاويته حاملاً معه قطعة قماش ملفوف (بقجة)، ويتوجه نحو الجمهور ويضعها أمامهم في وسط مقدمة المشهد. ثم يخلع رداءه الأسود (جبّته). نسمع لحناً موسيقيّاً لطقس صوفي، ويبدأ في أداء رقصة مولوية.

ينزع المؤدي غطاء رأسه، ويضع على كتفه وصدره شراشيب قطنية ملونة (توضع على خرج الجمل)، ويبدأ سرد حكاية الحيوانات الهاربة، من الحيوانات المفترسة ومن بطش الإنسان.

وقد تم توظيف كل عنصر في اللعبة بشكل محسوب ومقصود، من أجل جعل المتفرج يشترك في حضوره، من خلال تفعيل حواسه الخمس (اللمس، الشم، التذوق، السمع والنظر) لتحفيز إدراكه الحسي، لكي يتأمل الأفعال والإيماءات والحركات، ويصغي للكلام والأغاني، ويبحث عن المغزى والمعنى في بنية العرض.

يمكن القول إن المتفرج يستقبل ويدرك حسيّاً مكونين أساسيين من دراماتورجية العرض: البيئة والأجواء التي يدخل فيها بحميمية بقرب أفعال الراوي/ الممثل، واستقبال عناصر العرض (أفعال ورقص وغناء)، التي تتجسد من خلالها، أحداث دراماتورجية العرض، التي يبقى فيها المغزى في حبك مفهوم الوحدة والكثرة مفتوحاً لتأمل المتفرج.

وكان المتفرج يحضر العرض ويرى ويسمع حكاية المتزهد، وهو يعيش في حيرته بين الأنا والآخر (هو)، بين الخالق والمخلوق. ويرى الراوي (المتزهد) وهو يروي حكاية الحيوانات، ويتحول في محاكاته لأصوات عديدة (خمسة)، من خلال تنويع الطابع الصوتي للحيوانات، ونجّار يحمل عُدّته، ويجد المتزهد نفسه منخرطاً في أحداث الحكاية ذاتها. وفي النهاية، بعد أن كان الراوي/ المتزهد وحده يناجي ربه تعالى، ثم يحاكي تجسيد الأصوات المتعددة والمختلفة، يرجع إلى

زاويته، ليعزف الدف ويغني بصوته في خلوة وحدته، كما بدأ في بداية العرض.

وكانت دراماتورجية الحكاية التي يروجها المتزهد مأخوذة من نسيج لثلاث حكايات قصيرة من ألف ليلة وليلة، تم إعدادها درامياً لتقدم من خلال فن لغة المسرح. وحاولنا بذلك العمل مضاعفة مستوى البعد الدرامي، من خلال بُعد ممسوس في بروز الحكاية التي تروى من خلال محاكاة أصوات كائنات مختلفة، وبعدٍ ثانٍ مخفي؛ هو مفهوم الوحدة والكثرة، الذي تتشكل منه بالتدريج بنية حكاية العرض الكلي.

وأصبح الممثل (البيرفورمير) الكائن/ الإنسان/ الفنان، الوسيط بين العرض والمتفرج، ويتحرك على ثلاثة مستويات: مستوى فعله الحقيقي في استقبال المتفرج بثيابه المعتادة، ثم يغير ثيابه أمام نظره. ومستوى دور الراوي الذي يقوم بمحاكاة أصوات حيوانات أنثوية وذكورية وصوت رجل عجوز وملاك، من خلال محاكاة طبوع الصوت وتنويعاته، من دون أن يشحن أفعاله بتشخيص وتفسير «شخصية» سيكولوجية درامية. وفي المستوى الثالث هو المؤدي لكلام شعري وغناء وعزف على الدف، ويرقص رقصة روحانية. فهو لا يحاكي في هذا العرض؛ الواقع اليومي المعتاد، ولا يمثل شخصية سيكولوجية/ اجتماعية، رسمت من مؤلف نص درامي، بل يقوم بتوظيف أفعاله الحقيقية والفنية المنجزة في اللقاء مع المتفرجين، ليكون عبارة عن مؤدٍّ وسيط بين معطيات ذاكرته الجمعية وبين حضور المتفرج.

ولم يكن الهدف من كل ذلك، في الواقع، تجنيد كمية العناصر المختلفة في لغة التعبير المسرحية؛ بل توظيف نوعيتها وإمكانية تحفيز قنوات الطاقات المتعددة الكامنة في «الممثل الوسيط»، القابل للانتقال والتحول من صيغة فنية إلى أخرى، ضمن بنية العرض الواحد، لتكوين ما يشبه بنية الطقس، الذي يتم فيه أداء العرض في بيئة وجو روحاني.

لغرض عمل ذلك استقينا عناصر من الطقس الصوفي (الذي لا يمكن إعادة إنتاجه خارج بيئته ومريديه)، لتكون مرجعاً لنا، وامتزجت بحكاية المتزهد المأخوذة من ألف ليلة وليلة، وعملنا من خلال تطبيق عناصر ومبادئ لغة المسرح، ليس للقيام بطقس صوفي كما هو، بل لتوسيع رؤيتنا المسرحية وتكوين العرض (بيرفورمانس) كما لو كان طقساً.

وقد لاحظنا فعلاً، بعد انتهاء عرض حكاية المتزهد، بقاء المتفرجين في صمت مشحون، ودب بالتدريج همس، وارتسمت على وجههم ابتسامات الدهشة، من دون تصفيق. وتشربت فيهم متعة الحضور لمدة 50 دقيقة، ولم يرغب واحد منهم بالخروج مسرعاً من الصالة الصغيرة، بل بدأ البعض منهم القيام بحركات ونظرات تواصل بينهم، كما لو أنهم يريدون القول: أين كنا، إلى أين أخذنا العرض، هل كنا في حضور عرض مسرحي، أم في حضرة محفزات طقس روحاني؟

وقد لازمتنا هذه الطريقة في بناء وتكوين العرض (بيرفورمانس) المسرحي في عملنا فيما بعد، ولكن من خلال بعض الإجراءات

التطبيقية المختلفة، التي تنوعت في معالجة الموضوع والأزياء والأشياء (العمل مع أكثر من ممثل في العرض). ونمت من نواة هذا العرض؛ ومن البذور التي زرعت فيه؛ بواعث وصيغ فنية، شكلت الأرضية للعمل الذي تبرعم لاحقاً، بصيغ فنية مختلفة، على طول مسيرة عملنا المسرحي.

السفر الرجوعي

عندما قمنا بإعداد نص حي ابن يقظان لابن طفيل؛ المفكر الصوفي الأندلسي، لغرض تكوين دراماتورجية عرض بنفس العنوان (في سنة 1986)، بتمويل ذاتي، لفرقة مسرح الأركان ومن إخراجنا، اعتمدنا على ثلاثة ممثلين طليان من الهواة، وعازف كردي على السنطور، مع مشاركتي في التمثيل. رغم الجهد الذي بذلناه في الواقع، لم يكن العرض ناجحاً (من وجهة نظرنا)، ولا مقنعاً (من وجهة نظر المتفرجين).

فكرت عندها بسبب عدم نجاح العرض، وأدركت أن السبب ربما يكمن في مشكلتين: عمل المخرج، الذي يشترك في التمثيل مع الآخرين، وعدم اعتماده على نص درامي مكتوب مسبقاً. أو ربما كان السبب في عدم خبرتي (كمُخرج)، بسبب بقايا أثر من تأهيلي الشخصي الأكاديمي السابق، وعدم تجربتي في العمل مع مجموعة من الممثلين بطريقة أخرى، تجعل منهم موادّ أساسيةن لخلق وتكوين دراماتورجية العرض.

كانت تجربتي الأولى الحقيقية، في إخراج عرض مع مجموعة من الممثلين الهواة، وركزت في العمل على تهيئة الممثل، لكي ينمو مع

متطلبات مفردات العرض، وأفلحت في ذلك مع واحد من الممثلين فقط (لويجي صولاتي)، ولكن كان هناك شرخ بين الاهتمام بعمل الممثل، وبناء نسيج وبنية تكوين العرض.

وأدركت أن العمل على تأهيل الممثل (الهاوي) فنيّاً، أثناء البروفات، شيءٌ؛ والتركيز على إخراج العرض في نفس الوقت، شيءٌ آخر. ولم تكن مدة بضعة أشهر، كافية لتأهيل ممثلين هواة، والعمل على نضج تكوين العرض. إذن، كان الخلل ـأيضاً ـ يكمن في عدم تمييزي بين الأمرين، وأصبح من الواضح لي، ضرورة الفصل بين العمل على إعداد الممثل، ليكون مؤهلاً للقيام بدوره، وبين مهمات المخرج على تكوين دراماتورجية وإخراج العرض.

جعلتني هذه التجربة (في عرض حي ابن يقظان)، أتوجه بحذر، في مشروع إخراج عملي الثالث؛ البرزخ نور الشرق.

كنت أفكر بعمل دراماتورجية لعرض أستقي فيه المواضيع والمواد اللازمة، من أسطورة عشتار السومرية؛ آلهة الحب والخصب، في رحلتها نحو العالم السفلي، نحو عالم الأموات، ورحلة جلجامش وبحثه عن شجرة الخلود. وبرز في سيناريو العرض، من جانب آخر، لقاء جلجامش مع عشتار، في المقطع السابع من ملحمته.

عندما يدخل المتفرج في الصالة، يتم استقباله برش ماء الورد في يديه (من كولبدان شرقي). يجد نفسه أمام فضاء ـمكان ـ يشبه سور المعبد.. مكان مبني خصيصاً له، لكي يجلس في داخله.

كنا نلاحظ حذر وتردد دخول المتفرجين، وتغيراً مباشراً لإيقاع حركاتهم المتأنية، ودهشتهم، كما لو أنهم حطوا على عتبات مكان مقدس. وكان كل واحد منهم يبحث بانتباه عن المكان الذي سيجلس فيه، وينتظر ماذا سيحدث.

أمّا مكان أفعال الممثلين، فتحدد من وجود بركة الماء والصخرة، وخيمة صنعت من القماش الأزرق، بارتفاع متر ونصف.

كان العرض يستند على أفعال رحلة، تتكون من سبع مراحل، أو انتقالات سفر رجوعي، نحو النبع الأصلي لكائن/ إنسان، يبحث عن طريق لبلوغ الصفاء الروحاني.

ويبدء العرض بكلمات من خارج المشهد، كأنها آتية من عمق الزمن، كلمات تذكرنا بخطاب صاحبة الحانة مع جلجامش في نص ملحمته: «إلى أين تسعى؟ إن الآلهة منحتك القوة بالربط والحل، فلا تطغ بقوتك. هل يمكن أن نبني مسكناً يدوم طوال الحياة؟ منذ الأزل ولا شيء يدوم إلى الأبد».

وتتوالى الحالات المسرحية، بأفعال درامية ورقص وغناء، تقوم من خلالها العرّافة بجذب الملك بسحر جمالها، وتقوده للخروج من سلطانه وتحنطه وكبريائه. ويهوي -هو- على الأرض، أمام جمال رقصتها الطقسية. ينزع تاجه وثيابه ويتبعها. وتعمده في البركة، وتصبح العرّافة، صاحبة العرفان والجمال، في الانتقالة السابعة؛ هي الوسيط،

وهي المبتغى المنشود. ويدخل هو في المعبد: خيمة زرقاء بارتفاع متر، يدخل فيها ويرفعها على كتفه (ترتفع ثلاثة أمتار)، ويرقص رقصة دائرية، على نغمات موسيقى صعيدية، ويخرج من الصالة، وتخرج معه هي، على نغمات الإيقاع. وينتهي العرض.

إن عرض البرزخ نور الشرق، بالرغم من كونه يعرض تأملات رؤية روحانية، من عالم البرزخ، ونتفأ من عالم أسطوري، فإنه يجسد برمزيته، حالة ضرورية لسفر الإنسان، نحو نبعه ونحو سحر الجمال الروحاني، فهو عرض لا يعكس سلوك واقع الحياة اليومية المعتادة، وظهر في نظر بعض المتفرجين وبعض النقّاد، أشبه بسفر مريد، يبحث عن الصفاء، كأنه نتف من طقس قديم، تم عرضه من خلال عناصر مسرحية برمزيتها ودقتها، وإيماءت رقصاته الطقوسية والإغرائية، التي تستدعي ظلال حلقات من عالم قديم متشرب بالروحانية.

أمّا من وجهة نظرنا، فكان فعلاً تكون من خلال شعرية لغة المسرح، لطرح قلق واضطرابات الإنسان المعاصر، في بحثه عن منفذ للخلاص من متاهاته، ومن تسلط الإنسان المتكبر بسلطانه، والهائج كالثور، ولا يفقه معنى البحث عن صفاء الروح والحب والجمال.

وقد كتب الناقد المصري، البروفسور صبري حافظ، مقالاً عن العرض، شخّص فيه عناصر فنية مهمة ودقيقة من العرض، وربطها بجوانب من تجربتنا المسرحية، ويستحق أن نورده نصّاً كما نشره في جريدة العرب اللندنية بتاريخ 16/8/ 1988.

عندما ذهبت إلى بولونيا في الأسبوع الماضي، للمشاركة في الدورة الثالثة للجامعة العربية الأوروبية، لم يمر بذهني أنني سأشاهد هناك تجربة مسرحية عربية شيقة، ومن أكثر تجارب المسرح العربي الحديث خصوصية وثراءً، ألا وهي تجربة البرزخ نور الشرق، للمسرحي العراقي الشاب المتميز بالوعود قاسم بياتلي. وقاسم بياتلي مسرحي عربي جديد، بكل معنى الكلمة، لأنه لا ينطلق من جديد المسرح العربي؛ وهو محدود في أقصى حد، وإنما ينطلق من جديد المسرح الإنساني قاطبة، لأن مسرحه امتداد لتجارب المسرح الفقير عند المسرحي البولندي جيرزي غروتوفسكي، ولتجارب المسرح التلقائي الشامل عند بيتر بروك. ولا غرو فقد درس قاسم المسرح في جامعة بولونيا التي ما يزال يعد أطروحة الدكتوراه بها، كما درس فيها علوم الاتصال الحديثة؛ السيميوطيقا، أو الإشارات الجديدة، وهي علم دراسة اللغات والأنساق الإشارية المستخدمة في التواصل الإنساني، والتي أصبح مركز دراساتها، الذي يتزعمه الكاتب والناقد الإيطالي الكبير أمبيرتو إيكو، من أكبر المراكز في أوروبا، بل وفي العالم كله. ولا يمكن لمشاهد مسرحيته، إلا أن يلاحظ تأثير دراسته للإشاريات عليها، لأن المسرحية مثقلة بالنظم الإشارية. والنظام الإشاري هو النظام الذي يستخدم مجموعة من الإشارات أو العلامات، ذي الدلالات الاصطلاحية، لتوصيل رسالة محددة، وقد تكون هذه الإشارات صوتية، كما في اللغة، أو لونية كما في إشارات المرور، أو إيمائية ببعض الطقوس الدينية الصامتة، أو إيماءات الموافقة أو الرفض، أو

حركية كما في لغة الرقص والباليه. والواقع أن الحياة الإنسانية ذاتها، تقوم على مجموعة كبيرة من النظم الإشارية، بدءاً من لغة التخاطب، ورموز لغة الكتابة، حتى مختلف طقوس الحياة الاجتماعية اليومية؛ التعبيري منها والمألوف.

مسرح المسرحي

على هذه النظم الإشارية المختلفة، تعتمد مسرحية قاسم بياتلي، التي تنتمي إلى نوع جديد من الأعمال المسرحية، وهو ما يمكن تسميته بـ«مسرح المسرحي»، ذلك المسرح الذي يكتبه ويخرجه ويشارك في تمثيله؛ فنان المسرح الشامل. الذي لا يكتفي فقط مثل المسرح التقليدي، بكتابة نصه المسرحي على الورق، ثم يقدمه للمخرج، الذي يجسده على الخشبة.. ولهذا يقدم تفسيره العَرْضِي له، أن التجربة الدرامية هي في جوهرها تجربة تتخلق أثناء تجسيدها المسرحي المرئي أمام المشاهدين، وأنها تجربة متراكبة اللغات، أو بالأحرى متعددة النظم الإشارية، التي تعمل في تضافر وتفاعل دائمين. ومن هنا فإن اللغة المكتوبة، هي إحدى عناصرها، وليست كل تلك العناصر، أو أكثرها أهمية، بل إن تلك اللغة، تتخلق هي الأخرى كبقية لغات العرض، أثناء عملية الإبداع المسرحي ذاتها. وهذا هو السبب في أن «البرزخ نور الشرق» لا تعتمد على اللغة وحدها، وإن استخدمت أكثر من لغة في نصها المكتوب، في محاولة منها لتنويع المدى اللغوي من ناحية، وللتقليل من أهمية اللغة، كعنصر مسرحي رئيسي من ناحية أخرى، لأن تعدد اللغات فيها،

يهدف إلى التقليل من أهميتهان لا التركيز عليها، لأن من العسير أن يتوفر لهذا العرض المشاهد الذي يعرف العربية والإيطالية والتركمانية والتركية. ولهذا تعمد المسرحية إلى خلق لغة مسرحية خاصة، يمكن أن تتحقق عبر استخدام الحركات والإيماءات الطقسية، والموسيقى والكلمات والأصوات والظلال وجغرافية المشهد المسرحي، في مزيج متكامل، يستهدف خلق تكامله الإشاري الخاص، من خلال تجسيد مناخ مسرحي، يؤهل المشاهد للتعرف على هذه الشفرة الجديدة.

المسرح المميت

وهي شفرة تختلف عن غيرها، من الشفرات الإشارية، التي يحتاج الإنسان أن يتعلمها، لأن عملية التشفير فيها، تدور أمام أعين المشاهدين من ناحية؛ ولأن قواعدها كامنة في إحدى طبقات اللاوعي الجمعي، من ناحية أخرى. وما إن يطل فيها العرض المسرحي، حتى يجد المشاهد نفسه غارقاً بشفراتها ومتجاوباً معها، وتنهض هذه اللغة المسرحية الخاصة، على افتراض أن الفرق الأساسي بين الفعل المسرحي والحدث الواقعي، في أن أولهما يتمتع بقدر هائل من الديمومة، بينما يتسم الثاني بالعرضية والمحدودية.

وهذه اللغة المسرحية الخاصة، التي لا يحتاج المشاهد إلى تعلمها، بل يكتشف في نفسه وبنفسه قواعد شفرتها الخاصة، هي التي مكنت جمهور المجتمعات الإفريقية الواقفة على الحافة الجنوبية للصحراء الكبرى، من الاستجابة إلى تجربة بيتر بروك المسرحية، عندما أخذ فرقته المسرحية التجريبية منذ سنوات، وعبر الصحراء الكبرى، وكأنها نوع من المختبر الحديث، وقدم عرض مؤتمر الطيور، المأخوذ عن كتاب منطق الطير لفريد الدين العطار، إلى جمهور لم يشهد أحد

من أفراده المسرح في حياته ولم يسبق لأي منهم معرفة شيء عنه..
كأن بيتر بروك يحاول من خلال هذه التجربة، وجود آليات هذه اللغة
المسرحية الخاصة، بعد أن قتلها في نفس المشاهد الغربي المسرحي
التقليدي، الذي يلقبه بروك بالمسرح المميت. إلى هذه اللغة ينتمي عمل
قاسم بياتلي، الذي يطمح إلى أن ينطلق بتلك اللغة، ومفرداته المسرحية،
التي تريد الاستفادة من تجارب المسرحيين الغربيين المعاصرين الكبار،
لخلق تجربة مسرحية عربية جديدة، تنحت ملامحها من عناصر التراث
الإسلامي الصوفي، عند جلال الدين الرومي ومحيي الدين بن عربي،
ومن أساطير وادي الرافدين السومرية والآشورية والبابلية.

الانفتاح اللانهائي

كيف استخدم قاسم بياتلي تلك اللغة؟ وكيف جسد من خلالها عمله المسرحي المتميز؟ لا بد من الإجابة على هذا السؤال، من العودة إلى تفاصيل العمل المسرحي نفسه، حيث يفتح قاسم بياتلي برنامج مسرحيته المطبوع بمقتطف دال من جلال الدين الرومي:

«لا حدود لصحرائنا

لا هدوء لقلوبنا

لا أمان لنفوسنا

أكوان على أكوان تكونت بصور وأشكال

أي من هذه الصور هي صورتنا؟»

وهو مقطع في غاية الدلالة، لأنه يحدد المنطقة التي تقع فيها التجربة المسرحية برمتها.. إنها منطقة الانفتاح اللانهائي، الذي لا يعتريه إلا انفتاح الصحاري العربية الشاسعة بلا حدود، ومنطقة القلق الدائم الذي يفقد القلب معه هدوءه، وتطرح منه النفس دفة السكينة، التي وهبتها

الأمان الكاذب. وهي بالتحديد تلك المنطقة التي تتراكب فيها الألوان؛ بعضها فوق بعض طبقات، بطريقة تنتفي معها التبسيطات، وتتبدى فيها المخلوقات والأحداث، في أكثر من صورة، وتتجلى بكثير من معنى، وهي غير هذا كله، منطقة التساؤلات الدائمة، والبحث الأبدي عن الحقيقة. أيّ من هذه الصورة هي صورتنا.. هذا هو السؤال الصوفي الكبير، وهو في الوقت نفسه؛ السؤال المسرحي، الذي يهدف العرض إلى إثارته في أغوار كل مشاهد، حتى يعيد النظر ـ عبر العرض المسرحي- في تصوره لذاته، وفي فهمه للعالم من حوله.

قلب متعمد

ولأن المسرحية تهدف إلى إشغال القارئ منذ اللحظة الأولى، في مناخ هذه المنطقة الثرية والفريدة، فإنها تستخدم مفردات الطقس المسربل باللبس والإيهام، في خلق تفاصيل كل من المشهد الدرامي، ومكان المشاهدين بالصورة التي تحس معها أن العرض لا يهتم -كما يقول فاليري- بالوضوح، قدر اهتمامه بالدقة، فتقيم المسرحية تعارضاً أساسيّاً بين بساطة الخشبة، وزخرفة مكان جلوس المشاهدين، في محاولة واضحة لقلب التوازن التقليدي، الذي يجعل من الخشبة مكاناً للإبهار وعرض الألاعيب البصرية، بينما يبقى مكان المشاهدين تقليديّاً عاريّاً من أي زخرفة أو اهتمام. وهذا القلب المتعمد لتغير المسرح التقليدي، من أساسيات هذا المسرح الجديد، الذي يركز على المشاهد بالدرجة الأولى، ويتعامل معه بطريقة جديدة كليّاً، والواقع أنه ليس في هذا المسرح، خشبة بالمعنى المألوف، وإنما هو استخدام اصطلاحي للمنطقة التي يدور فيها العرض. وهي منطقة تتسم بنفيها المتعمد لمفهوم الخشبة التقليدي. لأن هذا المسرح الجديد، الذي يعتمد على مفهوم المساحة الخالية لبيتر بروك، لا يتعامل مع الخشبة، لأنه يعتبر أن أي مساحة خالية، تنطوي

بطبيعتها على دعوة لإقامة عرض مسرحي، ولذلك فإنه يقتطع من مساحة العرض جزءاً، ما يلبث أن يكسبه المناخ حرمة الهيكل وقداسته.

الضوء والظلمة

العرض يدور في صالة كبيرة بمبنى الحمراء -وهو مبنى مركز الحي الرئيسي بمدينة بولونيا- ليست معدة أصلاً، لأن تكون مكان مسرحية، نصفها الأول مغطى من التراب والطين الجاف، يبلغ سمكها حوالي عشرة سنتمترات. وقد أحيطت بالشموع والمشاعل الصغيرة، التي تضفي عليها مناخاً طقسيّاً متميزاً. ووضع في مقدمة وسطها شكل رباعي، ولون ساطع يجذب الأبصار، ويوحي بأكثر من دلالة، أما النصف الثاني، فقد فرش بالحصير والوسائد، لجلوس المتفرجين، وقد أحيط هذا النصف بديكورات جميلة بسيطة، ذات زخارف عربية ولكنها حديثة في الوقت نفسه، كتبت عليها أبيات من شعر جلال الدين الرومي، باللغتين؛ العربية والتركية. ويصف برنامج المسرحية المطبوع هذا الجزء/ المرقد، في تسمية دالة موحية، تستهدف إقامة جدل خلاق بين مفهومي الحياة والموت، لأن العرض يبدأ على المستوى الرمزي، أو بالأحرى من حيث دلالات اللغة المسرحية الإشارية، بإشعال الشموع المحيطة بمنطقة جلوس المشاهدين أو بـ«مرقدهم»، حتى يعيد المشاهد مرة أخرى، تأمل العلاقة بين الضوء والظلمة، بعد أن اشتعلت أضواء

المسرح التقليدي المبهرة بدلالاتها الطقسية القديمة، حيث كان المسرح طقساً، لبعث حياة جديدة، في نواة حياة المشاهدين، وحيث كانت التجربة المسرحية جزءاً من هذا البعث، بإبقاء هذه الشموع واحدة إثر أخرى في فعل طقسي، يبعث في المتفرج حياة جديدة، أبانها التساؤل الصوفي الدرامي؛ أيّ من هذه الصور هي صورتنا؟ وقبل الاستسلام لإجراءات هذا الجدل الخلاق، بين النور والظلمة وبين الحياة والموت، علينا أن نواصل تعرفنا أولاً على تفاصيل هذا العرض المسرحي الشائق.

يبدأ العرض بطقس إشعال الشموع المحيطة بالمرقد، وإضاءة صورة ملك سجين قابع في جمود التمثال، ثم تدخل المرأة بتراتيل الشعر في الفضاء المشهدي، وهي نفس المرأة التي سبق لها أن استقبلت المشاهدين بماء الورد، منتحلة هذه المرة دور العرافة، وهي تتوجه صوب المعبد، وكأنها ملاك مرسل من عالم مجهول، تجاوب رقصتها الطقسية الطالعة من احتفالات عشتار السومرية، نداء الصوت الصارخ بعطاء الحياة للبذور بالبعث والميلاد، وعلى وقع رقصة المخاض، تستفيق روح الملك التمثال، وتهيم جارية وراء العرافة، التي يشع وجهها بالضوء الإلهي، فيلقي الملك بثيابه ويتحرر من سجن سلطته الدنيوية، مارّاً في رحلة التحرر تلك، بمجموعة من المجازات الصوفية، أولها: مجاز اللقاء، الذي تظهر فيه العرافة، وهي تخلع ثيابها، لكن طيفها المستحيل ما يلبث أن ينحل في الغياب، في اللحظة التي يتوهم أنه مقبل على الإمساك بها. وتنبثق ثلاث حزم ضوئية حول الملك، لتوثق قياده وتنحل في أشباح صوره الدنيوية، التي لم يتحرر منها بعد، وثانيها: ممر رقصة السيف،

التي يتجلى فيها الجانب الطقسي لبعض فصول التعازي الشيعية في جلد الملك نفسه، وسط صراخه وعويله وهو يجلد نفسه.. جلد يستلف دلالاته من الممارسات الشيعية المعروفة، لأنه يسعى إلى بلورة المرور الثالث إلى أعتاب المجهول، والشوق إلى مواجهة القدر المرسوم. وأما المجاز الثالث؛ فهو ممر الفراق بدلالته المتراكبة، التي يمتزج فيها فراق أحشاء الأم: فجر كل الفراقات وأصلها المرّ بفراق الديار وفراق العوالم الذاتية. وفي هذا المجاز تغلق أغنية الفراق الأخير، الفراق الدرامي، الذي تتجلى فيه الذات من صورها المتوهمة، لتعانق جوهرها، ولتصبح مؤهلة للمجاز الأخير؛ مجاز المرور إلى الثغر الباسم للنهر، والاغتسال من الأدران، في نبع الحياة ورمز ديمومتها، لكن المسرحية تبطء مع بنيتها القائمة على جدل المتناقضات، لا تنتهي بهذا المجاز الأخير، وإنما تطمح إلى تحقيق نوع من خفق الماء والنار، فبعد الذوبان في النهر والسريان فيه صوب الأصقاع المجهولة، تنبثق من الحوار في لحظة التدفق لرقصة المرأة، رقصة بهيجة متوقدة ومتفجرة بالحياة، تؤديها المرأة العرافة أمام الملك، بعد أن تكون قد مسته وغسلته في طقسها بالماء الطهور، ثم تزف نفسها إليه، لتضرم النار فيه، وكأنما تريد أن تمرده أو تحيله الى التمثال، الذي بدأ به هذا العرض الدائري، حتى تستمر دورة الدراما المسرحية من جديد، أو حتى تولد من رماد الاحتراق، عنقاء الروح الجديدة وترى الخلاص المبتغى.

برزخ نور الشرق

هذه هي الخطوط العامة لهذا العرض المسرحي، الذي لا يمكننا أن نساير جوهره إلا إذا تخلينا معه عن قواعد التلقي التقليدية، وأدركنا أنه يدور ـكما يشير عنوانه ـ في هذا الرمز الفاصل بين الحسي والمجرد.. بين الأرض والسماء.. بين الواقع والأسطورة.. بين الحقيقة والخيال.. بين الماء والنار.. بين الذات والموضوع، أو بالأحرى في منطقة التناقض المتفجر دائماً بالجدل والتوتر.. إنها مسرحية المطهر الروحي، أو طقس التطهير والاغتسال الشامل، من أدران العالم المليء بالتناقضات والطموحات، ولهذا كله، فإن المسرحية ليست أبداً هي هذا الخيط المتتابع من الأحداث، ولكنها قابعة في منطقة الجدل الدائم بين تلك الأحداث والرقصات التي تقوم بها شخصيتاها الرئيسيتان، اللتان تقبعان في المنطقة الواقعة بين الذات والموضوع، فلا هما ذاتان خالصتان، ولا هما موضوعان صرفان، وكل عناصر العرض المسرحي الأخرى، من إضاءة ورقص وملابس وموسيقى وديكور وغناء وكلام وممارسات طقسية، تتفاعل في رقصة واحدة مطولة، تجسد لنا الروح الإنسانية المتولعة في شوقها الأبدي للانعتاق والخلاص من كل القيود، وهي

في الوقت نفسه؛ التجسيد الحي للغة المسرحية في قدرتها على تجاوز المؤقت والمحدود، للمغامرة في أغوار النفس البشرية، من ناحية، وفي الأصقاع الطقسية المجهولة للتاريخ والروح وخرائط جغرافيتها السرية من ناحية أخرى. لأن هذه التجربة المسرحية الشائقة، قد استطاعت أن تحول أشواق الصوفية إلى فعل مسرحي مجسد، له دوره الحي وديمومته المؤثرة.

نحو قرص الشمس المجنح

تابعنا عملنا، بعد مسرحية البرزخ نور الشرق، وركزنا في بحثنا على مجال الرقص الشرقي، للتحري عن حيوية الطاقات الكامنة فيه، وكنّا في نفس الوقت، نبحث عن معرفة خلفية عمق العالم الذي ينتمي إليه.

وقد جمعنا معلومات ومواد من خلال بحثنا، دخل البعض منها ضمن بروفات العرض الذي كنّا نتهيأ لتحضيره، لمواجهة رحلتنا الرجوعية، ولتكوين عرض جديد يستند على ضرب من ضروب التنويع حول ثيمات/ مواضيع محددة. وقد رافقنا البحث المتواصل عن معطيات وإمكانيات الرقص الشرقي طوال رحلتنا المسرحية.

بدأنا في سنة 1990، للعمل على تكوين مسرحية «نحو قرص الشمس المجنح»، وانطلقنا من حكاية بسيطة: امرأة تندب حظها، وتبحث عن منفذ للخروج من دائرتها المغلقة، دائرة النزاع والانفصام الذي نقوم نحن أنفسنا بخلقها بيدنا من حولنا. ولهذا تقوم برحلة من أجل خلاصها من القلق والعذاب، وتنظر من جانب لحالها، بعينها الداخلية، وتنظر من جانب آخر، بعينها اللحمية إلى العالم المحيط بها، بحثاً عن مرشد يقودها، لكي تتحرر من نكد الدنيا التي تعيش فيها.

واشترك في تكوين العرض كل شيء، كل قطعة من الأزياء والرقص والإضاءة، مع أفعال الممثلين، من أجل بناء الصور والعلامات والمعاني الضمنية في البنية الدراماتورجية للعرض: الدائرة المرسومة التي يتم تحطيمها، وكوخ السعف الذي يتم بناؤه أمام أنظار المتفرجين، ودف دائري يدوي بصوته، ومن ثم يصبح نافذة، ثم مرآة ترى المرأة نفسها فيها، وتتحدث مع نفسها وتخاطب مرشدها، لتؤدي رقصة تتحرر بها من نكدها، وتتوجه نحو المتفرجين للخروج من دائرة فضاء العرض، ثم يتم توزيع البسكويت على المتفرجين.

وقامت الأشياء والأزياء في العرض، بدور وظيفي ورمزي، وكان لها حضور كعنصر ضروري، وأخذت حيويتها في خلق المقاصد، ضمن بناء العرض. وكانت هناك علاقة وطيدة بين الأشياء واجساد الممثلين، من أجل صياغة الصور البلاستيكية، التي كانت تسري في بنية اللغة التعبيرية. ولم تكن الأزياء عبارة عن ثياب يرتديها الممثل فقط، أو من أجل رسم ملامح من كركتر الشخصية المسرحية، بل كانت مشاركة مع حركات الممثلين، لتقوم بدورها مع حركات الممثلين في تكوين رقصات مشحونة بالمعاني. تم توظيف كل ذلك، في واقع العرض في معالجة صراع المرأة بين الأنا والعام المحيط، بين ما هو ذاتي وما هو موضوعي، في تلك الدائرة المغلقة. وكان كل ذلك يحدث أمام المتفرجين على بعد مسافة قريبة، وحميمية، من مكان جلوسهم.

وقد لاحظ الناقد الإيطالي روبيرتو انجرتي، في مقال نشره في

جريدة ريبوبلكا (فلورنسة ـ مارس 1990) قال فيه: «إن عرض نحو قرس الشمس المجنح، هو عرض غير اعتيادي، مشحون بالبعد الديني والثقافة الشرقية وبالسرد الغامض (...)، وقد استند على التعبير الجسدي للممثل، وعلى محاولة تحويل العرض إلى نوع من المراسيم، للتوغل في البعد الجمعي. وذلك من خلال تلوث نموذجي، بين عناصر شرقية وعناصر أخرى غربية (...) ولا يمكن نكران طريقة التميثل وتفسير تلك الذاتية القدسية والبعد الديني، في الصمت والحركات الإيقاعية للجسد».

لاحظ ناقد آخر؛ هو فرانكو فاريني، في مقال نشره في جريدة كوتيديانو دي ليجي (إبريل 1991) مؤكداً: «أن سيميوطيقا المسرح الغربي المريحة، تصطدم بالقيم الإثنية والثقافية وتجاوزها، حيث تلجأ كل إيماءة وكل حركة إلى الغريزة أكثر من اعتمادها على المعرفة المكتسبة، وعلى البحث الذي لم يصل ـبالرغم من محاولتهـ إلى حل في توغلنا في عمق ذاتنا. وتمتزج الرقصات مع الأصوات البدائية، وتصبح الإيماءات حركات دقيقة وصارمة، من خلال رجوعها إلى الطقوس الإسلامية، التي تمتزج مع طقوس أخرى».

تعتمد عملية الإدراك الحسي للعرض واستيعابه، على الطريقة التي يرى بها كل متفرج وطريقة معايشته للتجربة المسرحية، التي تحتوي على مستوى سطحي ومستوى آخر مخفي في عمقها. كنا نستمع غالباً، لآراء المتفرجين بعد انتهاء العرض. وقد لاحظنا الاختلاف بين رأي

متفرج وآخر، حسب طريقة مشاهدته للعرض: قال واحد منهم مثلاً،
إنه بقي في شك وحيرة في الدقائق الأولى من العرض، وكان البعض
الآخر يرى كما لو أنه يشاهد عرضاً يجري على حافة شفرة موس حاد،
وقال آخر إنه كان يبدي نوعاً من المقاومة في تقبله للعرض في الدقائق
الأولى، ولكن بعد متابعة العرض، أثار اهتمامه وجذبه للدخول في ثنايا
الأحداث. كان من بين المتفرجين بعض الشباب المسرحيين، الذين كانوا
يطمحون للعمل في المسرح، لكنهم تركوا العمل فيه، لأسباب كثيرة،
قالوا لنا، بعد مشاهدتهم العرض، لقد أثار فيهم الرغبة للرجوع للمسرح.
وسمعنا البعض منهم يقول إن العرض قد أيقظ فيهم جوانب من علاقتهم
بتراثهم الديني أو العلماني. وكان البعض منهم يسأل عن الجذور، التي
ينتمي لها عملنا المسرحي، وكان جوابنا: لا ينتمي عملنا لجذور غربية
ولا لجذور شرقية، بل يبحث عن تجسيد طاقاتنا الذاتية والفنية، في واقع
حرثناه وزرعناه من خلال عمل أشخاص ينتمون لثقافتنا المعاصرة،
التي يسري فيها أكثر من تراث واحد قديم (شرقي أو غربي) تغذينا منه.

الحرب والشعر

أي سلاح يمتلكه المسرحي، من أجل دحر الشر والبؤس والحرب في الزمن الذي يعيش فيه؟

إنه يواجه الواقع من دون درع يحميه، وبالسلاح الأبيض وبيديه العاريتين، ويبحث عن اختراق زمنه، من خلال فعله الإبداعي.

زرعت أحداث حرب الخليج (سنة 1990 - 1991) الرعب، ليس في نفوس العراقيين فقط، بل هزت بهول رعبها، نفوس كل البشر، وأرعبت كل الكائنات التي تعيش على الكرة الأرضية. كنت أتابع الأخبار على الشاشة الصغيرة، وهي تبث بحذاقة صوراً من الحرب الدائرة، التي تعصر القلب وتفتت لطائف النفس. في تلك الأيام المشؤومة فقدت قدرتي كإنسان (عراقي) على الكلام مع الآخرين. انحبست الكلمات في صدري ونخرت فؤادي وشتتت أفكاري، ماذا كان يمكن أن أقول حول تلك الأفعال الشنيعة التي اقترفها الإنسان ضد أخيه الإنسان؟ كانت الأحداث المشينة تطلق سهامها وتخترق عمق كينونتي، وجعلتني أفقد النطق لأيام طويلة. في تلك الظروف الحالكة تبدد كل حُلم كان يراودني في بناء المغزى في فعلي وعملي المسرحي. ماذا كنت أستطيع فعله؟

اسودّ العالم في عيوني، التي احمرت من أثر الدموع، التي كانت تهطل على وجنتي، ومن تلك التي احتبست تحت جفوني. كنت أكظم الغيظ، منزوع القدرة على الفعل.

كانت نفسي حزينة، وكنت مكسور الفؤاد، كما كانت تقول إحدى شخصيات عرضنا. امتلكتني صرخة مدوية، بل كنت أنا من يمتلك تلك الصرخة، ولكن لم أستطع أن أطلقها نحو الخارج، كنت بلا قوة ولا قدرة على التنفس، لكي أتكلم مع الآخرين. لم يشفع لي أي شيء، فقد احتبس الكلام في خرسي. لم يكن أمامي أي اختيار سوى أن أتأمل بياض ورقة ناصعة وخالية من كل علامة انزعاج وقلق. كان حيز الفضاء الفارغ للورقة، يحفز خيالي وينتظر أن ينبثق منه فعل، كانت هي الصديق الذي يمكن أن أتكلم معه؛ أن أحاوره في محنتي، كانت خليلي في غربتي، الذي يمكن أن يحس بي ويسمعني، حتى من دون أن أفتح فمي.

رميت نفسي بصمت وسكينة وحرقة العذاب، في بحر تتلاطم فيه الأمواج العاتية، وأبحرت في أفكار، كانت تدور في عقلي بلا نخاع، وأنا أبحث عن وسيلة فاعلة للخلاص، ورسوت على ضفاف لغة الشعر، لكي أعالج الشرخ الذي فلق نفسي وفصلني عن العالم، في ذلك الظرف المحيط بي. رافقتني في تلك الرحلة هوميروس، الذي يعرف الكثير عن خبايا الحروب، التي جسدها في ملاحمه الشعرية، وشجعني على أن أضع السواد على الورقة البيضاء، لكي أجد منفذاً للخروج من ذلك الحصار الذي حبسني وجردني من قدر الكلام مع الآخرين.

مسكت بقوتي وهمتي القلم، لكي أكتب وأعبر عما كان يدور في خلدي، من مشاعر وخيال وصور، كانت تهتز وتهز أعماقي. أخذ النص مني زملاء من المسرح الإيطالي، ونشروه في مجلة يسارية.

وهكذا ولد نص «إلى خليل في الغربة»، أو بالأحرى بياني الفني والسياسي، الذي تجسد في عرض بنفس العنوان، ذلك العرض الذي ولد من شرارة اشتعلت من توهجات أعماق نفسي، ومن توترات تيارات باطنية، تتلاطم بين عالمي الداخلي والخارجي، التي تحولت إلى أفعال بدنية وذبذبات أفعال صوتية، تشكلت وتجسدت بشكل مباشر في فضاء الفعل المسرحي.

دخلت في صالة صغيرة وأنا أفكر بالنص المكتوب. حاولت أن أتحرر من حبسة لساني وعدم قدرتي على مخاطبة الآخرين، بدأت أصرخ بكلام النص وحدي، لعمل البروفات. خضع النص، بالرغم من قصره، إلى تقطيع ما كنت أتوقعه. كانت كلمات النص تتدفق من ذاكرتي بتلقائية، ولكن ليس حسب تسلسله المنصوص، تدفق بترتيب آخر وصياغة تقطيع وشكل تسلسل آخر. وبينما كانت الكلمات والجُمل تمتد في الفضاء المحيط بي، كانت تبرز تباعاً طبقات صوتية، وطبوع صوتية، مع إيماءات وحركات جسدية مصاحبة لها، انبثقت من حالتي التي كنت أعيشها. كان فعل الكلام يلتف حولي بصدى صوتي، وكانت حركاتي وأفعال جسدي التلقائية، تتركب في صور مباشرة، وبدأت أدرك حسيّاً، بالتدريج، ولادة حركات وأشكال درامية راحت تجد

منطقها الخاص. كانت حالات مسرحية، يمكن تدوينها على الورقة. واصلت العمل، وكلما كانت تبرز أفعال لحالة فعلية جديدة، كنت أتوقف لتدوينها على الورق. وأصبحت حركات وأفعال جسدي وصوتي في فضاء الصالة، كأنها آلة البيانو، أعزف عليها حالاتي، لتظهر وتتكون من أنغامها مقاطع درامية. أحسست، خطوة بعد أخرى، بضرورة وجود الأشياء، لتصاحبني في مسارات عملي في وحدتي. أشياء مختلفة وملموسة كانت تقتضيها الحالات الدرامية.

واصلت العمل بهذه الطريقة، لمدة خمسة أشهر، حتى بدأت تتشكل من أفعالي وحركاتي الجسدية وكلامي، ومن علاقتي مع الأشياء؛ صور درامية نحتية وبلاستيكية لشخص في فضاء معركة. تصورت كل ما كان يحدث من فعل، كأنه يجري في حلبة ملاكمة أو مصارعة. تذكرت عندها نوعاً من الرياضة، التي تسمى «الزورخانة»؛ مكان ألعاب القوة، وكانت في أصلها عبارة عن رياضة روحانية، تمارس في القرون الوسطى في إيران، واستمرت فيما بعد كذلك في العراق.

تجري ألعاب هذه الرياضة في حلبة دائرية من التراب، يحيط بها حدّ وباب صغير لدخول المريدين للطريقة وهم يرتدون بنطال/ سروال، لحد الركبة والجذع عارٍ، وينبغي أن يدخل المريد من ذلك الباب الصغير، وهو ينحني احتراماً لمقام مكان اللعبة. يوجد على جانب من الحلبة، منبر يجلس عليه المرشد (الأسطة) ويدق الناقوس لبدء كل لعبة، ويراقب ما يجري من أنواع الألعاب التي يمارسها المريد: لعبة

تسمى الدومبلاص (تمارين بهراوات ثقيلة يقوم اللاعب باستعراضها في الهواء وحول جسمه) ولعبة الزنجيل (السلاسل)، ولعبة أخرى تسمى شناو، وهي عبارة عن مصارعة بين شخصين. ويصاحب ذلك غناء من المقامات (الإيرانية أو العراقية)، مثل مقام الدشتي أو الأوشار، ويتخللها إيقاعات (الدمبك) على وتيرة خاصة، تشجع على ممارسة الحركات الحماسية والقوة.

تخيلت هذه اللعبة، ودفعني ذلك إلى تصميم باب صغير من النحاس المطاوع، وصنعته بيدي، ليشبه صورة شكل إنسان؛ رأسه منحنٍ على الكتف الأيسر، كأنه يشبه وضعية راقص صوفي في طقس المولوي.

يدخل الممثل ـ البرفورمير ـ من هذا الباب منحني الرأس، ليؤدي دوره في سياق أحداث المسرحية. يدخل من باب يشبه شكل الإنسان، ليقدم صوراً درامية عما يجري في حال الإنسان، وفي نهاية العرض (البرفورمانس)، يخرج من ذلك الباب/ الانسان، الذي وضع على دكة (بلاتفورم) خشبية.

يشعل الممثل قبل بدء أفعال العرض، موقداً صغيراً، ويضع فوقه غلّاية لتحضير الشاي، يبقى الموقد مشتعلاً، يصدر عنه صوت ملحوظ. ثم ينزع ثوبه المعتاد ويبقى بسرواله الأخضر وجذعه عارٍ. ويبدأ العرض مع صوت أزيز الموقد. وتتوالى الأفعال والأحداث في الحلبة المسرحية. وبينما تجري الحالات المسرحية يبدأ فوران ماء الغلاية يصعد ببخار في مقدمة المشهد بشكل ملحوظ. ويشارك أزيز الموقد

وصعود بخار الماء في الغلاية مع حركات وأفعال الممثل، لتجسد حالة غليانه الداخلية، والتي تظهر في أداء إيماءاته ورقصه وغنائه الدرامي (لمدة 50 دقيقة).

وقد نمى تكوين دراماتورجية العرض في فضاء المشهد مباشرة، الأفعال الملموسة التي كان يجسدها الممثل بجسده وصوته، وبمشاركة حضور الأشياء، بطبيعتها الفيزيقية وبشكلها وصوتها ولونها. وأصبح كل شيء وكل حركة وإيماءة ورقصة، وكل صوت وأشعة ضوء ولون قطعة قماش، أشبه بمفاتيح البيانو، لتدوين عزف بنوطات مختلفة، تجسد الحالات الدرامية، بهدف تكوين دراماتورجية وبنية العرض.

وكانت الأفعال والحركات والرقصات والأغاني والأصوات، تتشكل تدريجيّاً أثناء البروفات، وتظهر منها وتبرز علامات، تعبر عن المغزى والمعنى في تسلسل وتزامن الأفعال الدرامية. يمكن القول إن مسرحية «إلى خليل في الغربة» قد ولدت من كتابة ركحية بسياقات شعرية ومبادئ فنية، تم إنجازها في الفضاء المسرحي بشكل مباشر.

كانت تظهر أثناء البروفات، صور من الذاكرة التي كانت تهتز من هول ما جرى في حرب الخليج، ومن المقابر الجماعية، من دون أن يتم حتى قيام مأتم لمن قتل غدراً، ومن دون وجود قبر يمكن زيارته وذكره كما أراد الله تعالى. كنت أرى في ذهني صور جمع من الناس الأبرياء، وهم يركضون بهلع على ضفاف دجلة، وصوراً من ذاكرتي وطفولتي في بغداد، التي كانت تهطل عليها براكين من السماء، صواريخ وقنابل

دمرت الكائنات والحقول والنخيل والديار. حرب فرضت على شعب يحب الحياة من طاغية سبى العباد. كنت أرى على شاشة التلفاز صور الأطفال، وهم يحتمون خلف ثوب أمهاتهم أو يحضنوا صدورهن من الخوف والهلع، وقد تيبست الدموع في لمعان حدقاتهم.

كنت أتخيل صورة أبي العجوز بنظراته العميقة، وهو يبحلق في السماء، ويسمع أزيز الغارات بلا رحمة ولا شفقة، تقطع أوصال مدينة بغداد. كانت تدور في مخيلتي عشرات الصور المؤلمة في الصالة الصغيرة أثناء البروفات، وكانت تهزني وتدفعني نحو القيام بفعلي ورقصاتي وغنائي في ذلك الفضاء. كانت تصاحب أفعالي كلمات ونتف من جمل ذلك النص الذي كتبته. وكانت الصور والأفعال التي ينجزها الكائن/ الإنسان/ الممثل، تتشكل خطوة بعد خطوة تدريجيّاً، لتنسج حبكة دراماتورجية من صور إيقاع أفعال جسدية وصوتية، تجسدت في تكوين العرض. كنت أعمل البروفات مثل عازف موسيقي أو شاعر يجسد مباشرة، ما في خياله وأحاسيسه وحالاته الانفعالية المضمرة في كينونته، وفي ثنايا تقنيات لغته الفنية أو المنبثقة من ذاكرته الحية وتجربته الحياتية، ليشاطر الآخرين من خلال أدواته التعبيرية الفنية.

مقتطفات من نص «إلى خليل في الغربة»

نورد هنا مقاطع من النص كما تم توظيفها في العرض المسرحي، على لسان الممثل. وقد تم نشر النص الكامل باللغة الإيطالية لأول مرّة، في مجلة أناركيكا الشهرية في إبريل سنة 1991، عدد 3، صفحة 181.

وتم نشر النص الكامل باللغة العربية، بعد تقديم العرض في مهرجان المسرح الجامعي العاشر في الدار البيضاء ـ المغرب، في جريدة رسالة الأمة، يوم الخميس 11 سبتمبر 1997، العدد 4518.

المقاطع كما جاءت في العرض:

ـ أيها الغريب يا من هجرت أرضك لحاجة تطلبها..

ـ أيها الغريب يا من تعيش غريبا بين أهلك..

ـ أيها الغريب يا من خرجت من أحشاء الأرض ومن بطن أمك، ألا تشعر بغربة في مملكة الله؟!

ـ قلب جريح ينزف دماً على سواد سوداويتك، قلب قطعت أوصاله،

أمسك به بحنان وضمه إلى صدرك بقوة، في ذلك الصدر المثقل بكل ما هو غريب.

ـ هناك أحرق بستان، أضمرت محرقة لأهلك وذكرياتك وأحلامك.

ـ كنت تكن حبّاً لتلك الصحراء، لتلك الغابات من النخيل الحاملة لعناقيد التمر المضيئة، لذلك النهر الخالد الذي كان يسكنك، والذي تطوف حوله الآن غمامة سوداء، دخان كثيف أسود، يتصاعد نحو سماء الأطفال الذين يحلمون بزيارتك.

ـ تهدمت سكناك التي كنت تسكنها يوماً ما، لم تكن تسكنها، بل كانت تسكن فيك.

ـ تبددت تلك الصور التي كانت تسكنك.

أين هو ذلك البلد، أين هو ذلك النهر، هل لا تزال تحمله في أعماقك؟

ـ أفكار غريبة في ديار الغربة، تأتي وتذهب وأنت في انتظارك بلا جدوى تحترق.

ماذا بقى من ذلك البلد الأسطوري؟

ـ يحمل البحر الأخبار على موجات آتية من وراء الأسوار الملغومة.

ـ هناك من سينظر لصورتك المرسومة على القمر، ويرسل لك المرسال بلا كلام.

- روح بلا مسك، نفوس بلا دير لتصلي فيه.

- زمن يخادعك وكأنك غافل عنه.

- لا تدع الأوهام تقلقك، كانت الحقيقة يوماً ما، تسكن في الصدور التي خلت الآن.

- لا تندهش.. هؤلاء هم نحن بني الإنسان أولاد النسيان.

- أيتها الفتيات ذوات الجدائل السوداء، يا من تركضن على الطرقات الترابية العارية، ماذا يعرف عنكن أولئك الطغاة المتحجرون، ماذا يعرفون عن بشرتكن السمراء، عن شفاهكّن، عن أفواهكّن التي تصرخ طالبة النجاة، ماذا يعرفون عن ثديكّن الذي يرضع الطفل المفزوع من ظلمة التعتيم، ودوي البراكين النازلة من السماء؟

- ما الذي يهم أولئك الذين ستنتفخ أرباحهم القذرة، ما الذي يهمهم لو دنست الأرض وأحرق الإنس والجان، وإن اقتلعت شجرة الحياة في تلك العاصفة الصحراوية البشعة؟

- ما الذي يعنيهم إن قطف الموت رؤوس الفتية اليانعة؟

- تلك الأفعال المرعبة، تلك الأكاذيب المقرفة، وتلك المدائح والطبول للموت، كانت كلها مخفية وراء قناع من الذهب الأسود، أقنعة محتالين ودجّالين مهرة في ألاعيبهم ومصالحم القذرة.

- أصبح كل شيء دمثاً، أنيقاً ومموهاً بالذهب على ألسنة أولئك الخطباء البارعين في تمثيل شخوصهم الشيطانية.

- تلك الوجوه السمراء، التي التي أهينت خلف تلك الأسلاك الشائكة، تنذر بعار للبشرية كلها.

- أيها الغريب، حتى وإن تضرعت إلى السماء، فلن تُقبل صلاتك ويرجع صدى تضرعاتك إليك.

- وبعد، أيها الغريب، أنت غريب بين الغرباء، أنت وحيد في وحدتك، ما زلت مخلوقاً وديعاً وحنوناً، ما زالت يدك ممتدة نحو الأفق في الغسق الجامع بين الليل والنهار، في ذلك الغسق، لا أحد يسمع صرختك الوحدانية. ما زلت تحمل تلك الشعلة الأزلية في أعماقك، وتحوم بها في دروب القلعة، في طرقات تلك الأسواق الملتوية على نفسها، بينما تراتيل المتسولة تخترق صمت المارة المذعورة.

- أين هو أبوك العجوز الذي أحرقت الشمس وجهه؟

هل ما زال يصلي ويرتل كلام الكتاب، هل ما زال يرقص بكفنه الأبيض في الباحة المدورة للمسجد، تحت القبة والمنائر الفيروزية؟

- هبت صرخة في تلك البلاد العارية تحت المطر الأسود.

تلك البلاد التي انتزعت عنوة من ثيابها الملونة والبهيجة للأقليات المتعددة.

هبت صرخة لنفوس تتنفس الصعداء في لحد كان لحداً مراراً،
وتوقدت النار الأزلية، إنها نارك أيها الخليل الغريب.

موسيقية التراجيديا

في سنة 1993 و1994، عملنا على دراسة التراجيديا اليونانية، والظرف الثقافي والمجتمع الذي ولدت فيه.

قمنا بدراسة جوانب من الأساطير والفلسفة والسياسة وبعض التقاليد الاجتماعية، والفنون البلاستكية، ونصوص من الأدب المسرحي (التراجيدية والكوميدية). وبحثنا، حسب المتاح، عن معرفة جوانب من طبيعة الموسيقى في الطقوس، وعن الآلات الموسيقية والرقص عند الإغريق، وكذلك في الحضارت القديمة الأخرى (مثل السومرية والبابلية).

كانت لدينا فكرة العمل على شخصية ميديا، كما جاءت في التراجيديا اليونانية (عند يوربيدس وسوفوكلس) وفي نسخ أخرى (عند سينيكا)، وكما تعامل معها الشاعر بير باولو بازوليني (في 1970) في فيلمه السينمائي.

لم نكن نريد إخراج نص درامي، ولا تشخيص وتمثيل شخصية من نص مكتوب مسبقاً، بل كنّا نريد العمل على إشكالية تواجه مجتمعنا

المعاصر: أيْ غربة المهاجر من ثقافة إلى أخرى، امرأة تركت أصلها ورحلت مع رجل مغامر، عشقته عندما زار بلدها، ثم هجرها وانتقمت منه وأحرقت دارها وقتلت طفليها.

وكانت مهمتنا الأولى هي القيام بتكثيف المواضيع التي استقيناها من مختلف الكتب والمصادر، والعثور على نقطة محددة. لم تكن مادة من نص محدد أو حوارات شخصية معينة، ولا فكرة تجسيد نص تراجيدي كلاسيكي إغريقي.

ولهذا كان ينبغي أن نعمل على حالات مسرحية، تتشكل من أفعال الممثل ومن عمله مع الأشياء، من حالات فنية ملموسة تتم من أفعال وحركات وأصوت الممثلين وأصوت الأشياء المعدنية، والغناء والعزف الآني في فضاء المشهد. كنّا نريد أن نتوجه نحو بناء نسيج درامي موسيقي لتجسيد حالة تراجيدية.

ظهرت لدينا بعض المواد من خلال ارتجال الممثل، حول محنة المرأة في مواجهة قدر عشقها لغريب، وتاهت في دروب معتقدات مدينة/دولة، هاجرت إليها وهي تلاحق وهم الهوى. اندرجت هذه المواد مع المواد الأخرى التي استخرجناها من نصوص عديدة ومختلفة.

تتبعنا خيط الموسيقى، الذي وجدنا فيه إمكانية تجسيد الفعل التراجيدي. وركزنا على موسيقية الصوت للممثلين، وكل ما يتم توظيفه في الحالة المسرحية من أصوات الأشياء والآلات الموسيقية (طبل أفريقي ودف وناي) والغناء، من دون استخدام موسيقى مسجلة.

بدأنا العمل في بداية سنة 1994. ركزنا على تشخيص واختيار عناصر موسيقية ملائمة لثيمات المشاهد، التي كنّا نريد بنائها مسرحيّاً. بحثنا عن إمكانية تنسيق الخيط الموسيقى مع خيوط أخرى، الكلام والفعل الجسدي والصوتي للممثلين وصوت الأشياء، وخيط الإضاءة والأزياء، لتتفاعل وتتشابك في نسيج دراماتورجي، في خطوط متوازية يستند عليها تكوين العرض.

يبدأ العرض بصوت الناي الذي يعزفه ـهوـ (قاسم بياتلي)، بطريقة شبيهة بعزف الناي الياباني، من خلال تقطيع صارخ وحاد لنغمات الناي، ينذر بحدث تراجيدي، وينتهي العرض بصوت نفس الناي. وتدخل في ثنايا الأحداث ثلاثة طبول (طبل صغير من تيبت وطبل إفريقي مخروطي ودف)، تستخدم سواء من خلال عزفها أو من خلال توظيفها الرمزي.

وتم استخدام الطبل الإفريقي المخرطي (معمول من حفر جوف جذع شجرة) كرمز، وكمستودع لصوت الممثلة (روبرتا بونجيني) وهي ـ ميديا ـ تحت غطاء قماش بنفسجي اللون. ونسمع صدى صوتها المتحشرج في جوف الطبل، لتقول كلاماً مأخوذاً من الإلياذة لهوميروس، يجسد صورة عن قدر بني البشر، عن حياة الإنسان الذي يتطاير في الأثير بلا ظل، يتبرعم في الربيع ويتساقط في الخريف مثل أوراق الشجر.

ومن ثم يأتي ـهوـ ليكشف غطاءها ويسلب منها الطبل، وجذع

الشجرة وصدى صوتها الآتي من عمق التاريخ، ويترك لها بعض الحجارة والعظام لتلفها بحركات موزونة في قطعة قماش، وتعضها، وترميها، وتندب حظها. وتبدأ رقصة طقوسية على إيقاع سريع، تتخلله نغمة مقام الصبا. وتستمر رقصتها كأنها تقيم مأتماً لامرأة من ثقافة بدائية، وتتحاور مع صوته -هو- (جزون)، من خلال نحيبها وصرخاتها، وضرب كفها على الأرض وعلى جسدها، في تناغم وتفاعل موسيقي محسوبين مع إيقاع الطبل وصوت المؤدي.

ويصبح الطبل الإفريقي في نهاية العرض، في وسط المشهد، وكأنه مذبح في معبد تضع هي (ميديا) حليها عليه، كما لو أنها تخلع أصفادها وتقدمها قرباً للآلهة، لتتحرر وتخرج من فضاء العرض.

أما توظيف الدف فقد أخذ منحى آخر. كان الدف الأول عبارة عن إطار دائري خشبي لصق عليه ورق أسمر بدل الجلد، كانت تأتي ضربات الدف كأنها ذبذبة رشقات، مع جزون وهي تمسك بقناعه الذي خلعته منه، ويضرب جزون الدف بقبضته بقوة ويمزق الورق اللاصق على سطح دائرة الدف، وتخر هي كمن قضى رغبته.

أمّا الدف الثاني، فمصنوع في المغرب، في جوفه خيطان يلامسان سطح الجلد من الداخل، لخلق رنين خاص عن قرعه. وقد حدث أثناء الارتجال مع الدف أن وضعت علبة صغيرة تحت خيوط الدف. لمسته وإذا بها تشبه صوت أوتار العود. قمنا بتوظيف الصوت الصادر من خيوط الدف، على شكل ضربات لحن بسيط لمدة 45 ثانية، صاحب

إيماءات ميديا، وهي تقلع جذع شجرة خفيفة (صلتها مع جذورها)، بطول ثلاثة أمتار، وتحملها على ظهرها، لتهاجر من أرضها وترحل. وقد بدا ذلك الصوت اللحني الخارج من جوف آلة النقر (التي تحولت إلى آلة وترية)، لبعض المتفرجين (كان عازف عود عربي)، كما لو كان نغمات عود مسجل. بينما كانت يد الممثل -هو- ممتدة ومخفية خلف الدف، وهو جالس ليعزف نوطة بسيطة، تصاحب إيماءات رقصة الممثلة -هي- (ميديا).

كان الغناء، من جانب آخر، يجري على أنغام مقامات عراقية (أو إيرانية)، البعض منها لا يصاحبه إيقاع، مثل الصبا، لكننا أدخلنا فيه إيقاعاً سريعاً، تفاعل بتنسيق التضاد مع سياق اللحن البطيء، وقمنا بتوظيفه في تناغم مع حركات رقصة طقسية تؤديها -هي- (ميديا)، في نوع من الحوار الموسيقي بينها وبينه -هو- (جزون)، ضمن أحداث العرض المسرحي.

وقد أخذ صوت الأشياء، مثل الخلخال أو الحزام الجلدي المرصع بالأجراس الصغيرة، دوراً مهمّاً في تفاعلها مع كلام وصوت ونحيب وتنهدات الممثلين وحركاتهم، ليشترك في تنمية البعد الدرامي للأحداث الجارية في المشهد، كما لو أنها عبارة عن أصوات آتية من عالم بدائي موغل في الزمن.

دخلت واشتركت كل هذه الأصوات الموسيقية المختلفة، في البناء الدراماتورجي للعرض، بصيغة جُمل موسيقية، تفاعلت مع الجمل

الكلامية والطابع الصوتي للممثلين، وتناغمت مع فصاحة الجسد وتدرج ألوان الأزياء وتصميم الإضاءة.

لقد ركزنا منذ بداية البروفات على موسيقية المغزى التراجيدي، وحاولنا أن نتجنب العمل على البعد السيكولوجي/ الاجتماعي «للشخصيات» الدرامية، ولم تكن «شخصيات» بالمعنى المألوف، بل تكوينات فنية، أو تشخيصات لكينونة إنسانية مسرحية. كانت كينونات؛ خلقات/ أشخاص لأجساد لطائف، وصور ظلال كامنة في ذات الإنسان، وتسري في عمق واقع حالة كينونته، وفي مجرى حياته الشخصية، أو تكوين لصور أفعال فيزيائية صوتية، جسدت حالات حسية انفعالية، تناغمت مع حوار فيزيقي موسيقي للتعبير عن لحن (ميلودي) تراجيدي.

وقد دفعنا كل ذلك في تكوين العرض إلى تجنب الوقوع في إشكالية تقديس «الأنا» التي تتركب وتظهر في نوع من «الشخصية» ببعدها السيكولوجي/ الاجتماعي المرسوم في نص درامي مسبقاً، التي تخاطر في خنق أبعاد أخرى من كينونتنا.

لقد حاولنا، من خلال اقترابنا من التراجيديا الإغريقية، أن نطرح على أنفسنا أسئلة حول ماهية القضايا الجوهرية، التي تواجهها كينونة الغريب (في غربته)، في حضارتنا المعاصرة، التي يتفاقم فيها نوع من التراجيديا، التي أخذت صبغة أخرى، تقولبت في تراتيب ونُظم مقننة من نظام المدنية/ الدولة (الصلدة والخالية من أي حب)، التي انجرت خلف صراعات ونزاعات وحروب، ولد منها نوع من سيكولوجية الخوف

من الآخر، من الغريب، وذلك شبيه -ربما- بخوف «جزون» الإغريقي من أعراف وتقاليد وطقوس «ميديا»، التي تبعت هواها وهاجرت من موطنها الأصلي في سواحل البحر الأسود، وتلقت الطعنات وبقيت أسيرة قدرها التراجيدي، وفقدت كل ما هو روحاني، وانتقمت من عشيقها، بحرق مسكنها وبقتل ولديها اللذين أنجبتهما منه.

ربما ما زال صدى صوت التراجيديا الإغريقية، يتدفق لحد اليوم في اللاوعي الجمعي، ويتمظهر في نوع من اللحن لما هو مجهول.

رقصات الأركان

بعد نشر كتابنا «الجسد المكشوف» (انانكي، تورينا، 1996)، الذي تناولنا فيه جوانب من تاريخ ومميزات الرقص الشرقي (المتوسطي)، فكرنا بعمل عرض يكشف عن كيفية تعاملنا مع هذا النوع من الرقص، في تكوين العرض المسرحي، الذي يستند على عناصر ومفردات فنية كما تناولنها في كتابنا.

ولدت الفكرة من إمكانية إعادة توظيف المواد والرقصات، التي اندرجت في دراماتورجية عروضنا السابقة، لكن من خلال البحث عن تكوين عرض جديد، يمكن أن يساعدنا على التحري بعمق، في خصال الرقص وإمكانيته في تجسيد طاقة صور الأجساد اللطيفة؛ القادرة على أن تحيا بنبضاتها في داخل بنية دراماتورجية. وهكذا انطلقنا في

عملنا على عرض مسرحية «رقصات الأركان» في سنة 1996. ولم نتوقف عن البحث عند ذلك الحد، بل ذهبنا في التحري، بقدر المتاح، عن الصيغة التي اندرج فيها الرقص الشرقي في طقوس الحضارات القديمة (السومرية والبابلية)، خصوصاً الطقوس التي ارتبطت بمراسيم

آلهة الحب والخصب عشتار، والتي تناولناها بشكل متميز في عروضنا السابقة «البرزخ نور الشرق»، ومراسيم الطقوس الإغريقية في عرض «جزة الخروف الذهبية»، وعملنا على تكوين مواد جديدة.

وكانت فكرتنا في العرض الجديد، تكمن في التركيز على توظيف الرقص والغناء في أداء الممثلين، وعدم استخدام أي نوع من الحوار الأدبي المنطوق، سوى بعض الكلمات باللغة الإيطالية، التي قمنا بتسجيلها على قرص بصوت الممثلة روبرتو بونجيني، مع سلسلة من المقاطع الموسيقية، التي كانت تصاحب رقصات العرض.

انطلق مشروع العرض في هذه المرّة، من سؤال جوهري: من هو ذلك الذي يمكن أن يعرف الطريق الذي يقوده نحو أعماق كينونته في الوجود؟ وهو سؤال وجودي يفضي إلى ضرورة نوع من السفر للتوغل في الأصل، في النبع الأول. رجعنا إلى ذاكرة ما قمنا به من عمل، في مسيرتنا المسرحية، وإلى بحثنا في ثنايا الذاكرة الجمعية، وفي إمكانية توظيف الفعل الدرامي والرقص، في بناء العرض بشكل غير تقليدي.

وركزنا في العمل، على الأفعال البدنية والصوتية والرقصات والأغاني، التي توقعنا مدتها الزمنية ما بّين 50 أو 55 دقيقة.

كان العرض يبدأ بضربات إيقاع الطبل الكبير، يعزفه المؤدي (قاسم بياتلي) في خارج القاعة، ليجتمع من حوله المتفرجون الذين ينتظرون دخول الصالة لمشاهدة العرض. يدخلون واحداً تلو الآخر،

على إيقاع الطبل. ومن ثم الصمت في الصالة. ويدخل المؤدي في ذلك الصمت إلى مكان حدث العرض، ويلبس ثياباً شبيهة بثياب الملك، شبيه بملك سومري. يطلق صرخة متقطعة موزونة، لتتحول إلى ما يشبه لعلعة المقام العراقي. تدخل امرأة بثياب عرافة (روبيرتا بونجيني)، تسحر المملك بجمال رقصتها وتكسر هيبة سلطان قامته البهية. يخر وينحل جسمه من خلال حركاته المتسلسلة في تفكيك مفاصل أعضاء جسمه، وكأنه إنسان آلي. وتجر به الساحرة، من خلال ترتيب استراتجية العرض، نحو التخلي عن هيئته وتحويله إلى خلقة عارية من ملامح إنسان.

وكانت الأشياء والأزياء، تلعب دوراً ملحوظاً في حالات العرض، وتحولات هيئة «الشخصيات»، وفي تركيب وتفكيك شكلها وتحولات صورتها، مثل تحول هيئة الملك المتسلط إلى صورة بلا ملامح، شبيهة باليرقة أو الجنين، من خلال تشكيل حركاته تحت ثوبه المطاطي، الذي ينزعه بتأنٍّ، ليرسم من خلال حركاته في داخل ثوبه، صوراً بلاستيكية غريبة، لحد أن يفقد شكله كإنسان، ليتحول إلى صورة حيوانية، بلا ملامح. ثم يخلع ثوبه كلياً بحركات درامية، ليظهر بهدوء كمن ولد من جديد.

كانت الممثلة، في مقطع من العرض، تتحزم بنوع من الحزام المعمول من تشابك سلسلة خيوطه المطرزة، ثم يتحول من خلال أفعالها، إلى غطاء رأسها، ويتدلى على وجهها كالجدائل، ليصبح أشبه

بقناع يظهر من خلاله لمعان عينيها. ويتحول بعد ذلك إلى شكل هيكل عظمي لإنسان يشبه القزم، يتدلى بين يديها، كأنه وليد مخاض من صورة الملك، الذي انجر من فتنة سحرها في سفره.

كان هناك بعض الأشياء الأخرى، التي رسمت أثر مسار الرحلة، وشاركت في تحويل ملامح صورة الملك، والتي تم توظيفها من خلال رقصة الممثلة، لتشكيل ما يشبه الجثة الهامدة على الأرض، تلميحاً لفناء كبريائه وسلطته الدنيوية.

كان توظيف الأشياء في العرض، يسري في توازٍ مع أفعال الممثلين البدنية، وغنائهم في المشهد، كانت تشارك في حضورها، ليس كعنصر مهم في العرض فحسب، بل كشريك في مصاحبة رقص الممثل، وكعلامات دقيقة لبناء المغزى والمقاصد الفعلية.

وكانت كل حركات وأفعال ورقص الممثلين، تظهر وتمتد في تمفصل تشكيلات نحتية واضحة، تشكل المغزى لنص فعلي مباشر مرئي في سياقات العرض.

إن كل ما تم توظيفه في عرض «رقصات الأركان»، كان يصبو إلى تكوين عرض يجسد جوانب من «عالم المسرح الوسيط»، الذي أخذ يتمخض بالتدريج من تجربتنا العملية وبحثنا المسرحي، وذلك من تحفيز القدرات الكامنة في الممثل (البيرفورمير) والحفر في ذاكرته الفنية الفردية (والجمعية)، ومن خلال أداء فعله الحقيقي ورقصه وغنائه وعزفه، في

ضرب من ضروب تكوين العرض (بيرفورمانس) الكوريو- درامي.

وظهر لنا أن ذلك هو الطريق الفني-المعرفي، القادر على أن يقودنا في توجهنا نحو مستوى أكثر رقة وشفافية، لجعل أفعال الممثل- الراقص، تهتدي وتتحول في عمل بناء الدراماتورجية المسرحية، إلى فعل ظهور وليس نوعاً من التظاهر، لتتفاعل فيه بالضرورة، مختلف عناصر ومكونات اللغة التعبيرية لفن المسرح، ذلك «المسرح الذي يرقص» أو المسرح الوسيط، الذي يرقص بين العالم الفردي والذاكرة الجمعية للمؤدي (البيرفورمير)، الذي يتحرك بين ما يسمى ثقافة الشرق والغرب، على حد سواء.

محتويات الكتاب